曾國藩的人生哲學

——忠毅人生

目錄

話說曾國藩

眾說紛紜

在中國近、現代史上，曾國藩無疑是最有影響和最有爭議的人物之一。《清史稿·曾國藩傳》稱他爲「漢之諸葛亮，唐之裴度，明之王守仁」，「中興以來，一人而已。」這一評價不可謂不高，應該說表達了當時正統觀念，與此觀念相一致的說法還有「聖相」、「國之孔孟」、「古今完人」。但也有另外一種完全不同的說法：「曾剃頭」、「漢奸」、「賣國賊」。這些評價都可以在曾國藩的所作所爲中找到相應的事實。可見曾國藩是一個十分複雜的歷史人物，從李鴻章到張之洞，從袁世凱到蔣介石，無不對他頂禮膜拜；從梁啓超到楊昌濟，從陳獨秀到毛澤東，也曾對他推崇備至。那麼我們該如何評價曾國藩呢？我們不妨看看一個將軍，一個學者，一個政治家對曾國藩的評價。

一個是蔡鍔，他對曾國藩的「豐功偉烈」曾那樣「景仰想像」，將曾國藩的「治兵言論，分類湊輯，附以按語，以代精神講話」，把它作爲軍隊的軍事教材。在蔡鍔所作的編者按中，他對曾國藩的治兵言論極爲讚賞，如在談到曾國藩以「仁愛帶兵」時，蔡鍔這樣寫道：「帶兵如父兄之帶子弟一語，最爲慈仁貼切，能以此存心，則古今帶兵格言，千言萬語皆付之一炬。」在蔡鍔眼裡，曾國藩是「中興名臣中錚佼者」。

一個是新派人物梁啓超，他認爲曾國藩不只是近代，而是「蓋有史以來不一二睹之大人也」，他說曾國藩一方面不僅沒有「超群軼倫之天才」，反而「最稱鈍拙」，而且「終身在拂逆之中」；然而另一方面他卻能「立德、立功、立言三並不朽，所成就震古鑠今」，其成功的秘訣在哪裏呢？梁啓超認爲，曾國藩「一生得力在立志自拔於流俗，而困而知，而勉而行，歷百千艱阻而不挫屈，不求近效，銖積寸累，受之以虛，將之以勤，植之以剛，貞之以恆，帥之以誠，勇猛精進，卓絕堅苦，如斯而已，如斯而已。」

再一個就是毛澤東，在一九一七年八月二十三日，毛澤東在給黎錦熙的信中談到了他對曾國藩的感覺：

今之論人者，稱袁世凱、孫文、康有為而三。孫袁吾不論，獨康似略有本源矣。然細觀之，其本源竟不能指其實在何處，徒為華言炫聽，並無一干豎立，枝葉扶疏之妙。愚意所謂本源者，倡學而已矣。唯學如基礎，今人於學，故基礎本源，時懼傾圮。愚於近人，獨服曾文正，觀其收拾洪（秀全）、楊（秀清）一役，完滿無缺。使以今人易其位，其能如彼之完滿乎？

在這三個人的評價中，蔡鍔是從軍事的角度來評價曾國藩在「同治中興」中的作用的，梁啓超則是從個人意志品質對事業或功業成功評價曾國藩的，而毛澤東則從文化的角度來評價曾國藩對傳統文化的繼承的。如果說蔡鍔得其器用，梁啓超得其氣韻，毛澤東則得其神髓。評說曾國藩，如果不從文化的角度來理解，那是難以通透的，只有將曾國藩放在中國傳統文化的背景之下，才能恰切理解曾國藩的所思所慮，所作所爲。曾國藩是一個實實在在的人，他學有本源，說有出處，做有根據。這本源、這出處、這根據不是別的，就是中國傳統文化，他是被中國文化徹底「化」了的人，曾國藩的價值就在這裏。

家世

曾國藩（一八一一—一八七二年），乳名寬一，名子誠，字伯涵。一八一一年十一月二十六日（清嘉慶十六年十月十一日）出生於湖南省湘鄉縣白楊坪。他家世代務農，曾國藩在《大界墓表》中說，「吾曾氏家世微薄，自明以來，無以學業發名者。」傳說曾國藩出世那天，他的曾祖父竟希公當晚夢見一條巨蟒，鱗甲燦爛，自空中盤旋而下，直入曾宅，旋即聞報曾孫出世。曾竟希大喜，自云，「是家之祥，曾氏門閭，行將大矣。」這個富有傳奇色彩的夢境喻示了曾國藩不同尋常的一生。進入弱冠之年，曾國藩自己改號「滌生」，他在日記中寫道：「滌者，取滌其舊染之污也；生者，取明袁了凡之言：『從前種種，譬如昨日死；從後種種，譬如今日生。』」抒發了曾國藩棄舊圖新，發憤自強的理念與信念。待到他科名順遂，入點翰林，便立定了澄清天下，藩衛國家的志向，於是又更名為「國藩」。可見曾國藩從青年時代起就是一個志向既遠且大的人。

在曾國藩的家人中，對他影響最大的是祖父曾玉屏（星岡公），這個人「聲如洪鐘，見者悍慴；而溫良博愛，物無不盡之情」，他威毅、勤謹，眼界不俗，富有見地。他教導曾國藩說，男兒「以懦弱無剛四字爲大恥，故男兒自立，必須有倔強之氣」。他的八字訣（早、考、掃、寶、書、蔬、魚、豬）和三不信（不信醫藥、不信僧巫、不信地仙）被曾國藩反覆品味，作爲曾氏家族的家訓主要內容。他死的時候，影響很大，曾國藩曾記載過當時的情景：「遠近感唏，或涕泣不能自休。」曾國藩從他敬愛的祖父那裏至少學到了四種品格：自強、勤勉和謹慎，還有威儀。《清史稿·曾國藩傳》中曾有這樣描寫：「國藩爲人威重，美鬚髯，目三角有棱。每對客，注視移時不語，見者竦然。」曾國藩太像他的祖父了。

曾國藩的父親曾麟書（竹亭公），備嘗科場艱辛，他應試十七次，直到四十三歲才中了個秀才，曾國藩很少像談祖父那樣談到父親；但這並不意味著曾國藩沒有受到父親的影響，比如他父親的積苦力學，侍親至孝，柔而能忍，都能在曾國藩的身上找到巨大的回響。曾國藩參加童子試，也先後考了七次，參加會試，也考了三次，只不過他比父親幸運一些罷了。他被稱爲「第一世忠臣孝子」，每年寄錢養親，替父母教育兄弟，「事親以得歡心爲本」，這都是從他父親那裏承繼來的。他一生都處於拂逆之中，也遭受過奇恥大侮，但他能挫而愈奮，屢挫屢振，不正是他父親的「柔而能忍」的眞實寫照嗎？此外，曾國藩的母親對他影響也很大，他在給曾國荃的信中說：「吾兄弟皆稟母德居多，其好處亦正在倔強。」

在曾國藩的家人中，值得一說的還有他的弟弟曾國荃，一般人只是看到了曾國藩對弟弟的影響，但沒有看見曾國荃對哥哥的影響。沒有曾國藩就沒有曾國荃，他是在曾國藩的直接教導下長大成人的，但沒有曾國荃，就不會有曾氏家族攻克金陵的頭功，也就不會有曾國藩的一等封侯。曾國藩善於將人，但不擅長打仗，王闓運說他「用將則勝，自將則敗」，左宗棠也戲弄他「進不能戰，退不能守」。但正是這個不會打仗的人教出了一個會打仗的弟弟，曾國藩的戰功有一半是曾國荃成全的，連曾國藩自己也承認這一點，他在寫給大弟的信中說道：「余之幸得大名高爵，皆沅弟（即曾國荃）之所贈送也。」即使不談這一點，曾國藩的很多戰略和戰術經驗，也是在曾國荃的征戰實踐中形成的，他是曾國藩這桿槍上的一把刀，無形中增加著曾國藩的威儀和力量。

生平

曾國藩六歲入學，十歲作文，題爲「兄弟怡怡」，十四歲就到長沙參加童子試，二十三歲才考中秀才，隨即入湖南最高學府長沙岳麓書社學習。一八三四年，二十四歲的曾國藩在湖南鄉試中考取第三十六名舉人。二十五歲赴京參加會試不中，留京師讀書，窮經究史。二十六歲再次應考會試不中，出京作江南之遊，旅途中將餘錢和典賣衣服所得之錢盡購《二十三史》，回家後足不出戶，埋首書中。二十七歲借貸進京參加會試，二十八歲中第三十八名貢生，大學士穆彰阿爲主考官，在殿試中爲三甲第四十二名，賜同進士出身。朝考中爲一等第三名，進呈道光皇帝，拔置爲第二名，改翰林院庶吉士，開始了他十二年的京宦生活。

從此，曾國藩功名極爲順利，官運也至爲亨通，十年期間扶搖直上，從七品一躍爲二品大員，十年七遷，遍兼兵、工、禮、刑、吏各部侍郎。道光二十三年大考，列爲第二等第一名，升爲翰林院侍講；道光二十五年，擢升爲講學士；道光二十七年，升授爲內閣學士兼禮部侍郎；道光二十九年正月，詔授禮部右侍郎，八月兼署兵部右侍郎；道光三十年六月，兼署工部左侍郎，十月兼署兵部左侍郎；咸豐二年正月，兼署吏部左侍郎。這樣順遂的官運是極爲罕見的。除了權臣穆彰阿的賞識和器重外，曾國藩的遷升一是靠考試，二是靠奏對，考試靠的是功夫，而奏對靠的則是見識與膽略。

一八五二年，咸豐二年，曾國藩四十二歲，奉詔爲江西正考官，行次安徽太湖，聞母喪，急急回鄉。年底湖南巡撫張亮基奉上諭，命回籍守制的曾國藩幫辦本省團練，招募鄉勇。曾國藩與羅澤南一起，仿照明代戚繼光束伍成法，組建湘軍，從此開始了他的軍旅生涯。根據東南形勢多水阻的特點，咸豐三年，曾國藩創辦水師，大小艦船二百四十隻，命楊載福、彭玉麟統領，陸軍由塔齊布、羅澤南統領。咸豐四年，曾國藩率水陸二萬人從衡州出發，剛到長沙，太平軍席捲而來，湘軍先敗於寧鄉，再敗於岳州，最後在靖港一仗，曾國藩親率的水陸主力全軍覆沒，曾國藩憤而投水，被幕士救起。幸而塔齊布在湘潭大捷，才把瀕臨絕境的戰局挽回過來。此後，湘軍添船加炮，重振旗鼓，先後攻克岳州、武昌、漢陽。咸豐十年四月，曾國藩奉上諭署理兩江總督，統轄江南四省軍務（江蘇、安徽、江西、浙江）。爲了攻克太平軍首府金陵（今南京），曾國藩命李鴻章節制蘇州、上海，左宗棠規復浙江，彭玉麟、楊載福肅清長江下游，曾國荃直搗金陵，經過三年的策劃、進兵和苦戰，終於在同治三年六月十六日攻陷金陵，太平天國覆滅。曾國藩受封一等侯爵，世襲罔替，時年五十四歲。

金陵收復了，可曾國藩與清廷的關係卻變得微妙而緊張起來。那時曾國藩集東南半壁江山軍政大權於一身，湘軍總數已達三十萬衆，僅曾國藩直接指揮的軍隊就有十二萬之多，這是一支誰也調不動，只聽命於曾國藩的私人武裝。清政府感到潛在的最大威脅就是手握重兵的曾國藩，於是疏遠冷淡他，曾國藩也敏感到了顧命大臣功高震主的問題，開始自削兵權，他以「湘軍作戰年久，暮氣已深」爲由，裁撤了大部分湘軍，緩和了與清廷的矛盾。同治四年，北上平捻，除了給後繼者李鴻章留下河防戰略外，勞而無功，回任兩江總督。同治九年，奉上諭赴天津查辦教案，忍辱求和，殺十七人，落得個千夫所指，百口莫辯的境地。

一八七二年，同治十一月二月初四，曾國藩在西花圃散步，他兒子紀澤跟從，突然曾國藩連呼足麻，扶回書房，端坐三刻而死，享年六十有二。那一天金陵微雨，天色陰慘。城中驚傳起火，救視則無所見。朝廷聞報，輟朝三日，追贈太傅，加謚「文正」，賞銀三千兩賜喪，極盡哀榮。至此，這個曾對咸豐、同治兩朝政局產生重大影響的人物，走完了他不平凡的人生之旅。

學養

曾國藩是一個有根底的人，這根底就是毛澤東所說的「本源」，這本源是什麼呢?毛澤東解釋說，倡學而已。這一說法與《淸史稿·曾國藩傳》結語不謀而合：「國藩事功本於學問，善以禮運。」可見曾國藩是因爲有學問才成就一番事業的，雖不是武將，但他有文才。毛澤東獨服曾文正，服的就是他的學問。

曾國藩的學問可以說來之不易，豈止十年寒窗苦?他在進京前的讀書還算不得眞正的讀書，那時候讀書是爲了考試，每天「與庸鄙者相處，全無所聞」，「竅被茅塞久矣」；只有在進京之後，他才知道了有所謂經學和經濟之學，才知道爲學有三門：曰義理，曰考據，曰文章。他從師著名的理學大師唐鏡海先生，向他請教「檢身之要，讀書之法」，從河南倭艮峰前輩那裏，他學到了認眞和有恆，還模仿艮峰前輩的日課方法，將每天的一念一事用正楷記載下來，每天如此，從不間斷。他還結識了一大批學所專長的朋友，如吳竹如、竇蘭泉、馮樹堂、吳子序、邵蕙西、何子貞、湯海秋、黃子壽等等等等。從此他學有方向，迷有指點，作有榜樣，如魚得水，如鳥投林，雖然辛若，但那樣充實，似乎有使不完的勁。有幾封家書曾記載了他的讀書生活：

道光二十一年十月十九日他給父母寫道：

男在京身體平安。近因體氣日強，每天發奮用功。早起溫經，早飯後讀《二十三史》；下半日閱讀、古文。每日共可看書八十頁，皆過圈點。

道光二十四年九月十九日家書也說：

「男今年以來無日不看書，雖萬事叢忙，亦不廢正業。」

道光二十五年七月十六日家書也說：

「詹事府諸官毫無所事，不過如翰林院為儲才養望之地而已，男居此職，仍以讀書為業。」

在翰林院期間，他曾整日累月攻讀《易經》，道光二十二年的日記從十月二十日一直記到十二月初七。曾國藩在讀書上切切實實下過一番眞功夫，這爲他今後的成功打下了深厚學問基礎。

那麼曾國藩的學問表現在哪些方面呢？他最得意的門生李鴻章曾寫道：「公爲學研究義理，精通訓詁；爲文效法韓（愈）、歐（陽修），而輔之以漢賦之氣體。其學問宗旨以禮爲歸。」這大致說出了曾國藩學養的主要內容，他恪守儒家傳統思想，正心、誠意、修身、齊家、治國、平天下，這是他終生信奉的思想原則；立德、立功、立言三並不朽，這是他人生追求的最高目標。他曾取周秦以來的古今聖賢三十三人，上自文（文王）周（公旦）孔（丘）孟（軻），下至顧

（炎武）秦（蕙田）姚（鼐）王（念孫），畫像讚祀，以爲師表，特別推崇孟子、韓愈、周敦頤、張載、朱熹、王夫之，把仁禮信義智作爲自己的座右銘。爲了鞭策、警醒自己，曾國藩曾作「五箴」以自律自勉：一立志，二居敬，三主靜，四謹言，五有恆。他在給劉蓉的信中寫道：

凡僕之所志，其大者蓋欲行仁義於天下，使凡物各得其分；其小者則欲寡過於身，行道於妻子，立不悖之言以垂教於宗族鄉黨。其所成與，以此畢吾生焉；其無所成與，以此畢吾生焉。

一般談曾國藩的思想往往只談他所受到的儒家文化的影響，作爲一個對中國傳統文化全面研究過的人，曾國藩對道家文化也情有所鍾，尤其是在他晚年。他終身都喜讀《老子》，對受道家文化影響很深的蘇軾欽佩不已。況且周敦頤和朱熹也是將儒道打通的人物。在政治上、爲人上，曾國藩是一個儒家；在軍事上、在養生上，曾國藩又是一個道家。

正因為他學養深厚，才能做到「凡規畫天下事，久無不驗」，攻克金陵，平定捻軍的戰略就是他一手策劃的。他能總攬全局，抓住要害，表現出高超的戰略水平，以至「天子亦屢詔公規劃全勢」（李鴻章語）。正因為他學養深厚，才能慧眼識英才，看得準識得透，大凡他所舉薦的人，「皆能不負所知」，李鴻章對此格外佩服，稱他「知人之鑒，並世無倫」。正因為他學養深厚，才能使他以文人身份站在行伍之間，在全軍覆沒之時，穩住軍心，東山再起。

功過

評價曾國藩的功過，最關鍵的一點是弄清曾國藩與洪秀全鬥爭的實質，不弄清這一點，那麼在評價曾國藩的時候，就難免遮遮掩掩，顧此失彼，或者因小失大。洪秀全作為太平天國的首領，他不同於歷代農民起義領袖的地方在於，他是中國歷史上唯一以西方宗教體制建立政權的領袖。他自稱天王，以上帝為天父，以耶穌為天兄，天王奉天父天兄之命進行統治，這就是「天國」，這正是西方中世紀式的神權統治，而神權政治是西方早已過時的、落後的政治意識形態。

曾國藩是清廷的顧命大臣，他所要保衛的是中國傳統文化，而他鬥爭的武器是綱常名敎。他在《討粵匪檄》中歷數太平軍所過之處「無廟不焚，無象不滅」罪過，激憤地吶喊道：

「舉中國數千年禮義人倫、詩書典則，一旦掃地蕩盡，此豈我大清之變，乃開闢以來名教之奇變，我孔子孟子之所痛哭於九原。凡讀書識字者又烏可袖手安坐，不思一為之所也?!

所以，曾國藩和太平天國的鬥爭，是中西兩種文化的鬥爭，它的歷史意義就在這裏。

正是在這個意義上，哲學家馮友蘭評價說：

「如果洪秀全和太平天國統一了中國，那就要把中國拉回到西方的中世紀，使中國的近代化推遲幾個世紀。」

「曾國藩鎮壓了太平天國，阻止了中國的中世紀化，這是他的功；他的以政帶工延遲了中國的近代化，這是他的過。」

這大概是本世紀曾國藩研究中一種有份量的說法了。

曾國藩是中國洋務運動的先驅者。他說，「馭夷之道，貴識夷情。」西方強於中國的首先在於其政治制度，其次是它先進的科學與技術，他們依靠堅船利炮打開了中國的國門，使中國人飽受屈侮。自強圖存是多少年來中國人奮鬥的主題。曾國藩在同治元年五月的日記中說：

欲求自強之道，總以修政事、求賢才為急務，以學作炸炮、學造輪舟等具為下手工夫。但使彼之所長，我皆有之。

首先他在安慶成立江南機器製造局，不雇洋匠，全用漢人，由他命名的中國第一艘輪船「恬吉」號就誕生在他手裏。之後，又在上海開設鐵廠，成立槍炮局，在武昌成立火藥局。他們所造的「開花、田雞等炮，配備炮車、炸彈、藥引、木心等物，皆與外洋所造者足相匹敵」，他看到中國人掌握了洋人的技術，喜不自禁。爲了更全面地了解和掌握西方科學技術，他在製造局又成立了一個翻譯館，既譯又編，出版了很多新書。康有爲就主張將製造局出的書全部買來閱讀，可見影響之大。僅僅翻譯還不夠，還需有全面掌握西方科學文化的人，在丁日昌、李鴻章的動議下，曾國藩向清廷奏請每年向國外派遣留學生三十名，開創了中國向海外派遣留學生的先河，詹天佑就是第一批留學生中最傑出的一個。

特別值得一提的是，曾國藩具有敏銳的人才眼光和強烈的人才意識。他認爲：「人才有轉移之道」，「國家之強，以得人爲強」，「戰勝攻取，仍在人不在器」。所以他說：「今日所當講求，尤在用人一端。」他以「知人善任」著稱於世，塔齊布、羅澤南、江忠源、李續賓、李續宜、彭玉麟、楊載福，用李鴻章的話說，「皆公所識，拔於風塵」。這些人都不負所望，立下了赫赫戰功。爲了推薦湖北巡撫胡林翼，他不惜貶抑自己，爲了舉薦浙江巡撫左宗棠，他不計先前過隙。李鴻章是他的得意門人，曾國荃是他的親弟弟，他對這兩個人更應關懷備至，呵護有加。他認爲，人才一靠「發現」，二靠「培養」，而培養是更關鍵的，不要抱怨身邊無人，人才培養培養就有了，他的部下大多是他培養扶植起來的。曾國藩的成功就在這裏，他的功績也在這裏。

所有這一切，都得力於曾國藩深厚的學養，而離開了這一點來談曾國藩都是虛語妄言，這就是我們這本書所要告訴你的。

修德：身定如鼎鎮

秉德無私，參天地兮！

——屈原

德者事業之基。

——《菜根譚》

亡我者，我也；我不自亡，誰能亡之？

——呂坤

厚，不可厚顏；缺，不能缺德。

《禮記》說：「德潤身，心廣體胖。」

《國語》說：「夫德，福之基也。」《菜根譚》也說：「德者，事業之基。」一言以蔽之，正如《中論》所言：「德者，人之根幹也。」可見，德行是人立身之本，關係到人的身心健康，福祉得失，事業的成功與否。

《周易》講「積善」，《尚書》講「作德」，孔子講「仁」，孟子講「義」，總之，說的是做人第一要有德行。

曾國藩眞正開始注重德行的修養是從京師以後，他師從理學大師唐鏡海先生，學習「檢身之要，讀書之法。」自此，讀書與修身，成爲他生命的主要形式，而他所採用的方法正是理學家所採用的經典方法：正心、誠意、主靜、內省、愼獨……

立志為本

觀察一個人，不要問他做了些什麼，首先要問他想做些什麼；問他做了些什麼是問他的肢體，問他想做什麼是問他的心。這個心就是他的志向。

如果他想都沒想過，就不要問他如何去做，他沒有方向；正如你問一隻斷線的風箏，你將到哪裏去，它回答得了嗎？

有志向的人和沒有志向的人不一樣，不僅是想像上的不一樣，而且也是事實上的不一樣。立志就是把這兩類人區別開來的方式。

先於立志

做人從哪裏開始呢？從立志開始。

志向，是使人緊張起來、站立起來的東西，好比一棵樹的軀幹。人生的價值、意義和境界全是被志向所照亮的，沒有志向也就沒有人生的方向。

然而，一個人的志向不是天生的，是在後天的生活中確立的，尤其是在對平庸、瑣細、放縱的生活的不滿中形成的。作為一個人，我們常常感到了生活的庸俗，但是我們並不常常產生改變它的志向。曾國藩就是在庸俗的環境中醒悟的。

那一年，曾國藩深有感觸：「《禮記》中說，君子莊敬日強。我天天過著很安逸、也很放縱，於是，人也就一天天地衰頹下來。正像那些草木，志之不立，本之拔矣。」由此可知，千言萬語，首先在於確立志向。這一年，是道光二十三年，公元一八四三年，曾國藩正好三十三歲。

曾國藩過人之處在於，無論是低微鄙陋時，還是溫柔富貴中都自立自強，鄭板橋說：「富貴足以愚人，貧賤足以立志」，也就是說，艱難困苦可以鍛鍊人，舒適安逸可以銷磨人。有人奮鬥是因為他的環境艱苦，一旦條件改善了，他也就沒了奮發向上的動力了。曾國藩能在安適中省克自強實在令人感佩！

大凡有所成就的人，沒有不自強不息的。

諸葛亮講「志當存高遠」，宋文帝講做人應「慨然立志」，王夫之講「傳家一卷書，惟在汝立志」。還是曾國藩的同僚胡林翼說得好，他說，人生決不該隨俗浮沉，生無益於當時，死無聞於後世。唯其如此，我們應自立自強，努力做衆人所不敢爲、不能爲的事情，上以報國，下以振家，不負此昂藏七尺之軀。他之所以說得好，是因爲他說的全面，樸實，說得我們可以做到。當然說得和曾國藩最爲接近的是王陽明，他在給弟弟的信中寫道，「夫學莫先於立志，志之不立，猶不種其根，而徒事培擁灌溉，勞苦無成矣。」王陽明的「根」和曾文正公的「本」說的就是一個意思。

所以，做人的第一件事就是立志。也就是要使自己振作起來，抖擻精神，給自己一個目標，一個方向。很多人並不是智力不如人，意志不如人，條件不如人，然而很多年過去後，他就是不如人，這主要是因爲他沒有確立遠大的志向啊！

人無志向，柔弱無剛。王陽明說得好，志向不確立，猶如沒有舵的船，沒有馬嚼子的馬，飄流奔放，最後將到達何處呢？

立志可安心

曾國藩獨白：自從去年十二月二十日後，我常常憂心忡忡，不能自持，若有所失，到今年正月還是如此。我想這大概是志向不能樹立時，人就容易放鬆潦倒，所以心中沒有一定的努力的方向。沒有一定的方向就不能保持寧靜，不能寧靜就不能心安，其根子在於沒有樹立志向啊！

另外我又有鄙陋之見，檢點小事，不能容忍小的不滿，所以一點點小事，就會躊躇一晚上；有一件事不順心，就會整天坐著不起來，這就是我憂心忡忡的原因啊。志向沒樹立，見識又短淺，想求得心靈的安定，就不那麼容易得到了。現在已是正月了，這些天來，我常常夜不能寐，輾轉反側，思緒萬千，全是鄙夫之見。在應酬時我往往在小處計較，小計較引起小不快，又沒有時間加以調理，久而久之，就是引盜入室了啊！

由此可見，曾國藩也是和我們一樣的人，他有斤斤計較的時候，有見識淺短的時候，有心浮氣躁的時候，但他敢於面對自己心靈中最黑暗的部分，並無情加以拷問，你能做到嗎？

志向不立，則心神不寧；志向即定，則鬼服神欽。

東晉名將祖逖與劉琨都以雄豪聞名於世，兩人感情甚篤，共被而寢，常徹夜縱論天下大事，感嘆收復中原的大業被苟且偷安之徒所貽誤。祖逖與劉琨約定：「若四海鼎沸，豪傑共起，吾與足下相避中原耳。」他們矢志習武練藝。當時，人們認爲半夜雞鳴是不祥之音，生怕聽到。祖逖卻認爲：「此非惡聲也。」半夜雞鳴正好催促他們提早起床，從此雞鳴之刻就是他們習武之時。

非凡的志向誕生非凡的勇氣，正是因爲有了堅定的志向，他們才能不爲流俗所移，心正氣順，心安理得，有所作爲。

有志者事竟成

人是自己觀念的產物，你是一個什麼樣的人，首先在於你想到了成爲一個什麼樣的人。如果一個人從來沒有想到他要成爲一個科學家，他也就不會按照成爲一個科學家必備的素質要求自己，訓練自己，那麼他當然不會成爲一個科學家了。

曾國藩說，人如果能立志，那麼他就可以做聖人，做豪傑。還有什麼做不到的事情嗎？他又何必要借助別人的力量呢？古書上說：「我欲仁，斯仁至矣。」就是說，我想得到仁，這仁也就到了。我想做孔子、孟子那樣的人，於是就日夜孜孜不倦地攻讀，一心一意地去鑽研他們的學問，誰能夠阻止我成為孔孟那樣的人呢？如果自己不立志，即使天天與堯、舜、禹、湯這些聖人住在一起，那也只能他們是他們，我還是我啊！

有志者事竟成。晉朝有一個人叫王歡，字君厚，專心學問，不知生計。他家中也無存糧，常常乞討度日；但王歡仍誦讀《詩經》不已，怡然自樂，毫無窮困之意。他妻子卻為生計擔憂，盛怒之下，便燒掉了王歡的書籍，並且要求改嫁，想促使王歡改變志向。王歡卻笑著對妻子說：「你沒有聽說漢朝的朱買臣的故事嗎？他貧賤的時候，他妻子也要求離去，後來朱買臣回鄉做官成為太守，他的妻子就上吊身亡了。」時人聽說此事後都恥笑王歡，而王歡則始終守志不移，安貧樂道，後來終於成了大學問家。

這故事雖有幾分淒惻，但是眞實的。一個人在沒有實現自己的理想之前，往往都有和王歡相同的遭遇，那就是不被人理解，尤其是那些胸懷遠大志向的人，就更是如此。人的理想越遠大，那麼理想的實現越艱難，也就越容易被人嘲笑，很多人的很多美好的理想不是被自己扼殺的，而是被他人的嘲笑扼殺的，能像王歡那樣實現自己理想的人太少了。

不管怎樣，有志者事竟成和王歡的故事一樣，都是對人的一種召喚，一種誘惑，一種刺激，但願它能喚起你潛在的力量和一往無前的勇氣。

志當存高遠

人不僅要立志，而且志當存高遠，也就是要有遠大的抱負，亦即《史記》中所說的「鴻鵠之志」。

《後漢書》中說，「志不求易，事不避難」。有大抱負，才有大動力，大殺力，大魄力，也才會有「會當凌絕頂，一覽衆山小」的大境界。所謂大抱負不是好大喜空，不是好高騖遠，而是放眼天下，志在四方「先天下之憂而憂，後天下之樂而樂」。有這樣的胸懷和氣度你才能看輕自己所重的，看重天下所看輕的。

那是道光二十二年，曾國藩的六弟在一次考試中受到挫折，於是就抱怨自己時乖命蹇，牢騷滿腹，曾國藩知曉後對他立志之小感到很可笑，以爲六弟所憂慮的事情太不值得一提了！

在曾國藩看來，君子立志，應有包容世間一切人和一切物的胸懷，有內以聖人道德爲體、外以王者仁政爲用的功業，然後才能對得起父母的生養，不愧爲天地之間的一個完人。因此他們所憂慮的是德行不修煉，學問不精通。所以，當頑民得不到教化時，他們就深深憂慮；當蠻夷入侵中原時，他們就深深憂慮；當小人在位賢才受害時，他們就深深憂慮；當天下百姓得不到自己的恩澤時，他們就深深憂慮，這眞是所謂悲天憫人啊！所有這一切才是君子所要憂慮的，至於一己之屈伸，一家之饑飽，世俗之榮辱、貴賤和毀譽，君子從來就無暇顧及。六弟小試受挫，就抱怨命運不濟，我私下忍不住要笑他氣度太小，志向不高遠啦！

明朝吳麟征有句話說得好，「深兒女之懷，便短英雄之氣」，他說的是小情感與大志氣的關係，可以說，過多地咀嚼一己之悲歡，就會看不到腳下的土地，身邊的世界，也意識不到自己對天下的責任。當然不會產生大的氣象。

讓我們記住《近思錄》中的一句話吧：「所見所期，不可不遠且大。」這個「期」，就是「志向」。

養德

德本來不在人身上，它在人以外的地方。人不過是一水池，等待著水的來臨，人越長越大，水池也越來越大，人的任務就是須留住水，不使它泄露、外溢，這水就是德，這蓄水就是養德。人不是別的，他只是德的看護者。

立德最難

《左傳》說，「大上有立德，其次有立功，其次有立言。」這三者即使僅居其一，也足以令人永垂不朽，流芳百世。在曾國藩看來，這三不朽中立德最難，而且也是最空的，所以自先秦兩漢以來，很少見到因立德而傳下美名的人。

《國語》講「從善如登，從惡如崩」，說的就是立德之難。立德之所以難，難就難在它是空洞的，無形的，它看不見也摸不著，但它又確實存在，在不知不覺中它會影響一個人的思想與行為。有時它表現為一個人做了一件善事，但做一件善事並不等於立德。因爲驅使人做一件好事的動機是多種多樣的，有時就是一個人的德行所致，有時則可能由於其他原因。再比如一個有德行的人，也許他什麼也沒有做，他就站在那裏，或者坐在那裏，然後他實在是個有德行的人，因爲德行就在他的心中，然而我們無法看見德行是否在他的心中。

立德之所以難，難就難在它是個人化的。我之所以做好事，不是因爲他人需要我的幫助，而是由於我的內心存在著一種幫助他人的衝動、願望和要求。我是本著自身的內在需要而行事，因爲道德律令在我心中。我就是我的法令的制定者和執行者。《中庸》講「愼獨」，就是說君子在他一個人獨處的時候尤要謹愼。如果一個人以爲沒有他人看見就可以放棄道德修養，那他就達不到修身養性的目的。

立德之難還在於它是無法言說的，我做了一件好事是不能向他人表白的；否則就有邀功的嫌疑，或者想得到他人的肯定與承認，然而這並不能構成一個人做好事的理由。再說我做了一件好事，完全是爲著自己積累德行，爲著自己的德行反而以此向人請功，還有比這更不道德的嗎？清朝朱柏廬說：「善欲見人，不是眞善。」這是一種不可表白，還有一種不可表白，就是在修煉時，自己有了一點心得體會，一經說破便無所回味了，這也就是對道德的放棄；那些喜歡在世人面前表白體會的人，常常是些淺嘗輒止或浮光掠影的人。

在自修處求強

一個人不可無能，但不可逞能；無能則被人欺負，逞能則傷害自己。賢能的臣子多了，國家就強盛；賢能的孝子多了，家庭就興旺。賢能的人或多或少，一半在人謀，一半在天命，不可強求。大體而言，能人總是多多益善的，但這是否意味著人可以能而不賢呢？或者，一個人就該顯得比他人更高明、更強大、不可一世呢？

曾國藩說：不錯，人當自強。但是否如沅弟（曾國荃）所說自強者總能勝人一籌，我大不以爲然。至於說到一個人的強大，在我看來，不外乎北宮黝、孟施舍、曾子三種情況。曾子的「自反而縮」，也就是孟子將仁義和謙虛集於一身的強大，這種強大與孔子告知其弟子仲由的強大，大概可以久長。另外一種強大就是鬥智鬥力。這種強大就是逞強或逞能，有因逞強而大興的，也有因逞強而大敗的，如古代的李斯、曹操、董卓、楊素，這些人的智力可以說都是橫絕一世的，但是他們的失敗禍害也非同尋常。近世如陸、何、肅、陳等人都是我們知道的自封的「英雄」，但他們中間沒有一個人可以保其終身。所以我們在自我修養上求強是可以的，但在逞能鬥狠上求強就不行了。由此看來，那些喜歡布施於人的人，就像那些喜歡逞強鬥能的人一樣，他到底強大還是不強大都是一件尚未可知的事情。即使終身強橫安穩，也是君子不屑一顧的方式。

逞強鬥狠，說到底就是要獲得對他人的超越感和優越感，從而謀求他人對自我的肯定、服從或尊嚴。然而這種優越感的獲得往往以壓抑他人、傷害他人爲代價。在某一時間，某一場合或某一範圍內你確實征服了他人，但在另一時間，另一場合或另一範圍內你又征服不了他人，而且你的這種征服必然激起他人持久的抵抗；倘若你征服的人越多，那麼你所激起的反抗也就越廣大。最後你就把自己人爲地陷入到一個孤立的境地，結果你發現路越走越窄，越走越難。所以逞強鬥狠終歸會失敗。

然而如果一個人在自修處求強呢？對時你追求的不再是對他人的優越，而是自我超越，當然也就不會形成對他人的威脅或者傷害，也就不會存在征服與反抗的持久的矛盾，因爲你所要征服的人不是別人，而是你自己。你在不斷修正自我，完善自我。所有的反抗來自於你的內部，是舊我對新我的反抗；這一反抗有時會刺激你更堅決更強烈地征服自我，惡行得以消除，善舉得以光大，你就在這征服與反抗中不斷前行。到一定時候你就因爲自修而完美和強大，這種強大就是曾子、孟子和孔子告知仲由的強大。是君子所要盡力珍惜、保持和追求的。

心中至虛，不著一物

《周易》中說，「謙謙，君子。」即人在任何時候都謙虛，才算君子。《尚書》中說「滿招損，謙受益」。明代哲人王陽明也說「謙者，衆善之基；傲者，衆惡之魁」。意思是說：謙虛，是諸多善行的基礎；驕傲，是諸多過失的罪魁。

曾國藩也說，「人必中虛，不著一物，爾後能眞實無妄，蓋實者不欺之謂也。」人一定要謙虛，不講任何條件，而後才能做到眞實無妄，所謂眞實，就是不欺騙。

那麼人爲什麼要欺騙他人呢？

人之所以要欺騙他人，是因爲他心中別有私見，不可告人，也不敢告人，爾後製造謊言以欺騙世人。爲了使欺騙不出破綻，於是只好編造更多的謊言，最後他就生活在自己所編造了的諸多謊言中，惡性循環，無以自拔。他不僅欺騙了別人，也欺騙了自己。所以問題的關鍵是他有私心雜念，他有各種各樣的企圖或者妄想。倘若他沒有私心雜念，他何必自欺又何必欺人呢？

在曾國藩看來，明智的人在於好德，誠實的人，不自欺欺人。所以天下至誠的人，也就是天下至虛的人。

所以，當你讀書時，就一心想著讀書，心裏不要存有見客的雜念；當你見客時，就一心見客，心裏就不要再想著讀書的事情。心裏一有附著，就產生雜念。那些靈明的人就不會附著任何雜念，事情沒有發生，就不要考慮它；事情發生了，就順應它。正在做一件事情，就不要想著別的事情；已經過去的事情，就讓它過去吧，再也不要想著它。這就是所謂虛心。以這樣的心情去讀《易經》中的

《無妄》、《咸》和《中孚》三卦，就不會有格格不入的感覺。

虛心，就是讓心空空蕩蕩，「不著一物」，「虛懷若谷」，說的就是這種狀態。「虛」，就是「空」、「無」和「烏有」，它是「實」、「有」和「存在」的容器，有這樣的胸懷，才能做到兼收並蓄，海納百川。吳麟征講「進學莫如謙」，說的是學問的長進沒有比謙虛更重要的了。

讓我們謙虛一點，再謙虛一點，做一個眞正的謙謙君子。

敬靜純淡

曾國藩說自己一生雖然頗好讀書，但總免不了好名好勝的意念參預其間，因此，沒有孟子「深造自得」一章所說的滋味，也沒有杜元凱「優柔饜飫」一段所說的情趣。所以，到了老年沒有一本書可爲憑恃，沒有一件事算有成就。如今我已年邁體衰，應當從敬、靜、純、淡這四個字上痛下功夫。縱然不能像孟子、元凱所說的那樣，只要養得胸中有那麼一種恬靜，讀書之樂也就可以聊以自適了。

曾國藩律己極嚴，從他不乏謙詞的反省中，我們可以感受到他克己的苛刻，他是一個善於從古代先哲吸取智慧的人，也是一個善於把書本與人生聯繫起來思考的人，而且他特別善於從中抽取出可以指導人生的信條與經驗。這種信條與經驗無不反映出他與傳統文化淵源關係，他受惠於傳統文化，並加入這傳統文化，最後又推動了傳統文化向前發展，這使他成爲傳統文化在清朝的鏈環中最重要、最閃光的部分。比如敬、靜、純、淡。

敬。作人之道，聖人千言萬語，大抵不外敬恕二字。敬，就是恭謹。無論是對多數人還是對少數人，也無論是對地位高的人還是對地位低的人，君子都不敢怠慢，這就是泰而不驕；衣冠整齊，態度嚴肅，令人望而生畏，這就是威而不猛。所有這一切都是學習「敬」的最好的著手之處。古書上說，「君子莊敬日強。」吳竹如先生說「『敬』字最好。」但眞正做到「敬」，還需添上一個「和」字，這樣才不會勉強，才會自然而自願地去做。

靜。唐鏡海先生說，「靜」字功夫最要緊。這話極爲正確。大程夫子程顥，是三代以後的聖人，在「靜」方面下的功夫足。王文成公守仁，也是「靜」字有功夫，所以他能對外物不爲所動。假若不靜，反省也就不細密，見理也就不明了，都是浮的。鏡海先生還說，大凡人都有切身的毛病，或者是剛的惡習，或者是柔的惡習，各有偏重，沉溺既深，動不動就會發作，必須自己體察它，並終身加以治療。文正我曾告知先生，說我偏重於剛的惡習，發起恨來什麼也不顧，自己深究一下病根，就是好動不好靜。鏡海先生的兩句話，眞可謂對症下藥。今後務必專注於靜。

純。就是純正，純粹，至善至美。前輩倭艮峰說：「聖人之純亦不已。」這個純就是至善至美，一般人只能追求它，只有聖人才能達到它。

淡。莊子講「淡然無極」、「淡而無爲」。諸葛亮講「淡泊以明志，寧靜以致遠」。這個「淡」，就是淸靜，超脫。然而很多年來，曾國藩就是淸靜不得，超脫不了，總是焦慮過多，沒有一天可以坦蕩於天地之間。這主要在於他有兩個毛病，一是名心太切，二是俗見太重。由於名心太切，因而學無所成，德無所立；由於俗見太重，因而家人的疾病輕重，子孫的強賢與否時常縈繞於心，如同作繭自縛。若想除去這兩種弊病，應在一「淡」字上多下功夫，將所有的一切都淡而忘之，淡而化之，這樣，也許可以稍稍獲得一點心靈上的自由自在。

衆法一門

在登封少林寺有一塊奇異的碑碣，上有釋伽、孔子、老子的三人合體像，一爲佛祖，一爲儒聖，一爲道尊，並勒有碑銘讚語：「三教一體，九流一源，百家一理，萬法一門。」儘管教理不同，方法各異，但是最高境界是同一種境界。

曾國藩就是這樣的一塊奇異的碑碣，在他身上就刻下了中國文化不同流派的豐富印跡，入世與出世相統一，高貴與卑瑣相交織，世事洞明卻又糾纏其中，既是忠臣良將，又是嚴父孝子，既是道德家和詩人，又是劊子手和走卒，既是占卜者和人師，又是預言家和遊客，出入往來於人界、魔界和仙界，這使他成爲中國文化的一個獨特景觀。然而不管是那條道路都有一個交點，縱然是千萬條江河總是歸於大海。

自古以來，那些聖人賢哲，他們胸懷極爲廣闊，儘管修持不同，但他們都可以稱得上是具有上德的人。曾國藩以爲，古代聖人的崇高品德大約表現在四個方面：如篤實、恭謙地修煉自己而產生通達的智慧，這是程顥夫子的說道；誠懇到了極點，感動神明進而達到預知前事，這是子思夫子的訓導；安於貧困，樂於行道從而獲得自己的滋潤溫澤，這是孔子、顏子、曾子、孟子的修養要旨；觀察萬物，閑適吟咏從而得以思想舒適，精神恬淡，這是陶潛、李白、蘇軾和陸游的情趣。

這四個方面又是一個方面，無論是學者、哲人還是詩人，無論是複雜的還是簡單的，無論是苦心孤詣還是偶爾得之，在最後的最高的境界上都是同樣的境界。曾國藩不是程夫子，不是子思，不是孟子，不是陸游，他卻能理解並欣賞他們，他就是在理解並欣賞的層次上達到了古代先哲的高度的。

所以說，沒有境界的不同，只有方法或者職業的不同。明白了這一點，你也就明白了自己所處的位置和所要達到的位置。

太柔則靡，太剛則折

人不可無剛，無剛則不能自立，不能自立也就不能自強，不能自強也就不能成就一番功業。剛就是使一個人站立起來的東西。剛是一種威儀，一種自信，一種力量，一種不可侵犯的氣概。自古以來，哪一個帝王將相不是自主自強闖出來的呢？哪一個聖賢不是各有各的自立自強之道呢？孔子可算是仁至義盡的了，他講中庸之道，講溫柔敦厚，可他也有剛的時候，他當宰相才七天，就殺了少正卯。由於有了剛，那些先賢們才能獨立不懼，堅韌不拔。剛就是一個人的骨頭。

人也不可無柔，無柔則不親和，不親和就會陷入孤立，四面楚歌，自我封閉，拒人於千里之外。柔就是使人站立長久的東西。柔是一種魅力，一種收斂，一種方法，一種春風風人的光彩。哪一個人不是生活在人間，那一個人沒有七情六欲，哪一個人離得了他人的信任與幫助。再偉大的人也需要追隨者，再精彩的演說也需要聽衆。柔就是一個人的皮肉，是使一個人光彩照人的東西。

然而，太剛則折，太柔則靡。早年曾國藩在京城，就喜歡與那些名氣大、地位高的人作對，當然不乏挺然特立、不畏強暴的意思，曾國藩肯定因此吃過不少苦頭。不然的話，曾國藩就不會認識到天地之道，應剛柔並用，實在不可有所偏廢。剛，並不是指暴虐，而是指強矯；柔，並不是指卑弱，而是指謙遜退讓。

那麼，何時何處可剛？何時何處當柔呢？曾國藩有自己的法則：凡遇事或為公，應當強矯，而爭名與逐利，應當謙退；開創家業時，應當強矯，而守成安樂，應當謙退；在外待人接物時，應當強矯，居家與妻兒享受時，應當謙退。

如果一方面建功立業，在外聲名赫赫，另一方面又求田問舍，內圖家資厚實，這兩方面都有盈滿的跡象，完全沒有一點謙退的意念，那麼，這樣的人家斷定是絕對不能長久的。對此，曾國藩深信不疑。

豁達衝淡

豁達是一種見識，衝淡是一種態度。

沒有良好的智慧、判斷、洞察力和理解力，人就無法達到豁達；豁達就是要對事物進行觀察、理解，再觀察、再理解，直到事物在你面前透明起來，不再有盲點或黑暗的部分。

衝淡則是一種情趣，也許它沒有理智作用，近乎於天然而生的一種傾向，它憑借的是直覺、直觀，印象或體悟。它存在，無言，而且沒有理由。

豁達是大智慧，衝淡是大情趣。

然而一般人很難獲得它們，其原因不外乎名和利的羈絆，或著為達成某一件事而過於執著。為名利所羈絆中因為沉溺既深，只看到名利對人的好處，沒有看到或較少看到名利對人的消損，更不用說看到人生存的理由與目的；人赤條條地來，也將赤條條地去，沒有一絲一毫屬於你。

人之所以執著，是因為他對事物有一個固定的看法，又沒有機會或能力修正這一看法，最根本的還在於他對這執著缺乏懷疑與審視的目光，他完全產生不了這種觀念：原來他如此執著的東西，是可懷疑的。

自古以來，那些聖賢豪傑也許志趣不同，但在豁達與衝淡上是大體相同的。以詩而論，如李白、韓愈、杜牧就豁達一些，而陶淵明、孟浩然、白居易就衝淡一些。而杜甫和蘇東坡可以說兩美兼備，相較而言，杜甫的五言律詩要衝淡，而蘇東坡的七言律詩要豁達。邵雍不算詩家的正宗，但也兼備豁達與衝淡之美。

曾國藩喜歡讀《莊子》，就因為它的豁達對人的胸襟有多方裨益，其中有天生而美滿者一段，最為豁達：好像知道，又好像不知道，好像聽到了，又好像沒有聽到。這是何等地豁達。由此聯想到舜禹兩位有了天下而不參與，這又是何等豁達的胸懷！

那麼，曾國藩是如何達到豁達與衝淡的呢？

他曾送給沅弟一枚印章，叫「勞謙君子」，有一層意思是說，對處於功利場中的人，要像農人盡心種田，商人專心趨利，撐船的篙工在沙灘上拼搏，要從勤勞中把衝淡體現出來。在辦理事務的過程中，保留一種豁達的氣象。也就是在忘我的勞動中達到豁達與衝淡。

反省

在中國古代，曾國藩大概是對自我反省和批判最多的人之一，不僅嚴厲，而且苛細，如針如刺，直指心靈中最漆黑的部分。也許你不佩服他的功業，不佩服他的道德，也不佩服他的文章，但你不得不佩服他對自我剖析的勇毅。

改過最難

人非聖賢，孰能無過？

誰沒有說過假話？誰沒有說過大話？誰沒有嫉妒他人？誰沒有傷害他人？誰從來不好女色？誰從來不占他人便宜？誰敢拍著胸膛對自己或者蒼天說，我從來不做虧心事？沒有，從來沒有。只有過錯的大與小，多與少，或者你所犯的過錯是人人都會犯的，是人們可以原諒的，可以接受的，但不能說你從來就沒有過錯。只要是人，有七情六欲，就有人的弱點和侷限。曾子爲什麼「吾日三省吾身」，就是為了少犯過錯啊！

《周易》說，君子「見善則遷，有過則改」，《尚書》也說：「改過不吝（吝嗇）。」這一方面告訴人們過錯是難免的，另一方面也告訴人們要有過必糾，有錯必改。然而說說容易做起來難，很多人知道自己犯了什麼錯，也知道問題的嚴重性，可眞正讓他改正過錯，那就很難了。聖人之所以少，是因為知錯必改的人太少了；況且很多過錯都是美麗的過錯呢？比如看見一個美麗的姑娘，情不自禁地想她，雖然自己不會傷害她，也不會告訴她，只是情不自禁地想她，甚至過了好久也還是想到她。這個過錯太美麗了，以致很多人都不認為它是一個過錯。

所以，曾國藩說：知己之過失，承認它，並且改正它，毫無吝惜之心，這是最難的事。豪傑之所以是豪傑，聖賢之所以是聖賢，就在這裏。磊落過人，能透過此一關，寸心便異常安樂，省得多少膠葛，省得多少遮掩，還有那修飾裝點的醜態。

過錯雖然美麗，但改正過錯就更加美麗，況且很多過錯卻是醜陋無比的呢！

改正一個過錯，哪怕它很小，很輕，它都會使你身心更加輕鬆，無愧無悔。如果你是一個有心人，不妨體驗一下改正過錯的感覺，雖然有那麼一點難堪或難過，但是同時你也感到踏踏實實、坦坦蕩蕩、自由自在。還是說你見到一個美麗的姑娘，你意識到了情不自禁地想她是不好的，如果你改變一下思維呢？這個姑娘很美麗，所以這個世界也很美麗；她很幸福，我曾見到這個姑娘，所以我也很幸福。同樣是見到一個美麗的姑娘，動機不同，心境也不同。

一個省克修身的人，注重頤養德性的人，他所犯的過錯不一定是坑蒙拐騙之類的淫惡，往往是一些不爲人知，不足掛齒的小隱私或小陰思。不斷地滌除這些小隱私，小陰思，他就會一天比一天高大起來。明代楊繼盛說：「或獨坐時，或深夜時，念頭一起，則自思曰：這是好念是惡念？若是好念，便擴充起來，必見之行；若是惡念，便禁止勿思。」他說得太好了。

逐日檢點

荀子《勸學篇》有一句名言：「君子博學而日參省乎己，則知明而行無過矣。」一個人廣泛地學習，每天多次反省自己，他就會變得聰明，而且行爲也沒有過錯。這裏最難的不是「博學」，也不是「省乎己」，而是「日」和「參」，不僅「每天」，而且「多次」反省自己，天下有幾人做得到呢？

曾國藩比荀子還嚴格，要求也更具體，在道光二十二年正月的日記中，他這樣寫道：「凡事之須逐日檢點，一日姑待，後日補救則難矣。況進德修業之事乎？（湯）海秋言：人處德我者不足觀心術，處相怨者而能平情，必君子也。」

他不僅逐日檢點，而且事事檢點，天下能夠做到這一步的人，大概寥若晨星。曾國藩的這種檢點思想，並不是他心血來潮的奇思異想，實在是紮根於深厚的文化傳統的自然秉承。孔子就說過「見賢思齊（看齊）」，「見不賢而內自省也」，看到別人有毛病就反省自己，孔子大概是中國第一個善於反省的大師。孟子也是一個善於反省的大師，曾國藩最服膺於他，表示「願終身私淑孟子」，「雖造次顛沛」也願「須臾不離」，而孟子是從別人對自己行爲的反應中來反省的，他最著名的方法就是「反求諸己」：愛人不親，反其仁（反問自己的仁德）；治人不治，反其智；禮人不答，反其敬。曾國藩認眞鑽研過的程朱理學也強調「正己為先」。曾國藩正是在這樣的一個背景下來「逐日檢點」的，事關進德修業的大事，所以他才對自己要求得那樣嚴格，不可有一天的怠慢。

至於如何檢點，曾國藩很讚賞湯海秋的話，那就是與怨恨自己的人相處，因為怨恨自己的人，往往是對自己的缺點或過錯最敏感的人，也往往是對自己的缺點能給予無情抨擊的人。然而接受他人的批評是需要勇氣和胸襟的，尤其是接受那些與自己有矛盾的人的批評；有人總是懷疑他的批評懷有敵意，不管正確或錯誤一概拒絕，他沒有氣量不說，更重要的是他失去了一次檢點自己的機會。

清代有個叫錢大昕的人說得好：「謗之無實者，付之勿辯可矣；謗之有因者，非自修弗能止。」器量闊大，使我們能檢點自己，大度本身就是一種魅力，一種人格的魅力，那不僅是對自己缺點的正視，而且也是對自身力量的自信。

何以改號「滌生」

曾國藩名號很多，他乳名寬一，名子誠，又名國藩，字伯涵，號滌生，謚號文正。寬一是父母所取，國藩是唐鑒所賜，文正是皇上所封，滌生則是曾國藩自己所為，因而最能反映他的思想和趣旨。

道光二十年六月，曾國藩在日記中對滌生這一名號有這樣的記述：

憶自辛卯年（道光十一年）改號滌生。滌者，取其舊染之污也；（晉人傅玄在《傅子》中說：「人皆知滌其器，而莫知洗其心。」）生者，取明（朝）袁了凡之言：「從前種種，譬如昨日死；從後種種，譬如今日生。」改號至今九年，而不學如故，豈不可嘆！

余今年已三十，資稟頑鈍，精神虧損，此後豈復（又）能有所成？但求勤儉有恆，無縱逸欲，以喪先人元氣（古人把己身當作先人的身體的延續，比如自己享福，說成是享祖上蔭德）。困知勉行（知難而進，勉力而行），期（希望）有寸得（一點收獲），以無失詞臣（文臣）體面。日日自苦，不至佚（安逸）而生淫。如種樹然，斧斤縱尋（縱情砍伐）之後，牛羊無從牧之；如爇燈（點燈）然，膏油欲盡之時，無使微風乘之（乘虛而入）。庶幾（也許）稍稍培養精神，不至自（自己）速死。

誠（果眞）能日日用功有常，則可以保養身體，可以自立，可以仰事（處事有仰仗）俯蓄（自省有積蓄），可以惜福，不使祖宗積累自我一人享受而盡，可以無愧詞臣，尚能以文章報國。

曾國藩改號滌生，說明他能自律，十年以後，他舊事重提，說明他自律嚴格。曾國藩之所以能有所作爲，就在於他能日日反省，天天自新。他有一種強烈的、熱切的洗心革面的願望，他是自己卑瑣靈魂的嚴厲審判者，他是自己淫邪惡欲的無情拷問者，他是自己羸弱身軀的猛烈抨擊者，這使他得以潔身、保身、全身。

他是多麼愛自己，他又是多麼善於愛自己。他的功業，不在他的道德，也不在他的文章，而在他對自己肉體和心靈的永無休止的洗滌和更新。

名心太切，俗見太重

對曾國藩而言，名心太切和俗見太重，大概是他最大的缺點了，它不僅損害了他的人生境界，而且也嚴重地損害了他的軀體。

同治十年三月的一篇日記寫道：

近年焦慮過多，無一日游於坦蕩之天，總由於名心太切，俗見太重二端。名心切，故於學問無成，德行未立，不勝其愧（慚愧）餒（氣餒）。俗見重，故於家人之疾病、子孫及兄弟子孫之有無強弱賢否，不勝其縈繞，用是憂慚，侷促如轅自縛。

這是曾國藩臨死前一年的寫下的文字，實際上是他對自己一生經驗的總結。名心切，這對一個中國文人差不多是一件不可避免的事情，從小他們就受到這樣的教誨：「大上有立德，其次有立功，其次有立言。」而以「飽食終日，無所用心」爲天下的最大恥辱。我們不能容忍一個人去爲盜爲匪，爲娼爲妓，但我們能接受並欣賞一個人成功成名，立德立言。我們只知道爲盜爲娼的危害，但不知道成功成名的危害。

名心切的人，必然俗見重。名心的表現形態是多種多樣的，如成功、成名、成人、成才、成績、成就、成仁、成禮、成全、成事、成家、成熟，等等等等，正是這樣一種廣泛的，普遍的心理願望，使人們對任何事情都有這樣的一種心理期待，事事周全，樣樣完滿，件件順遂，這就是俗見。自然，就對疾病的有無，子孫賢良與否也格外看重。沒有得到，就希望得到，得到了，又害怕失去；自己得到了，害怕子孫失去，子孫沒有得到，又希望他們得到。人一天到晚就處於這樣的患得患失之中，何處是個盡頭呢？

怎樣消除這兩種弊病呢？曾國藩在同一篇日記中繼續寫道：今欲去此二病，須在一「淡」字上著意。不特（只）富貴功名及身家之順遂，子姓之旺否悉由天定，即學問德行之成立與否，亦大半關乎天事，一概淡而忘之，庶（也許）此心稍得自在。

曾國藩不僅找到了自己的病根，而且也找到了療治的方法。一個「淡」字可謂一字千金，淡然無累，淡然無為，深得莊子眞意。莊子說「淡然無極而衆美（各種美德）從之（歸屬於他）」，在《刻意》中他說：「平易恬淡，則憂患不能入，邪氣不能襲，故全其德而神不虧。」這樣心靜神寧，莫然無愧，才能「安時而處順，哀樂不能入也」（《養生主》）。

鑄造精神

人是要有一點精神的。精神是人得以獨立於世的柱石，有所作爲的根基；不然的話，渾渾噩噩將伴隨著他，也許他仍然存活，甚至也在不斷行動，但那不過是無根花木，游藻浮萍，長久不了的。

人有精神才有立場，有立場才有風骨，有風骨才有境界，有境界才有氣象，有氣象才叫活出了一個人來。曾國藩就是一個有精神的人，他的立場是在京城研習了十幾年，在江南踐行了幾十年的理學。正是這種精神立場，才使他一呼百應，成就功名。他的部隊是一支有信念的部隊。

也許他算不得一個理學家，但他正是憑借理學功夫完成了其他理學家所完成不了的事業。

誠實不欺

曾國藩的思想主幹是宋明理學，宋明理學的開山祖是周敦頤，周敦頤把人放在《太極圖說》的中心地位：「萬物生生而變化無窮，惟人也得其秀而最靈。」人純粹至善的最高品質就是「誠」，「誠者，聖人之本」，「聖，誠而已矣」，人極即聖，人極即誠。周敦頤的這一思想當然也有本源，《中庸》指出：

唯天下至誠，為能盡其性；能盡其性，則能盡人之性；能盡人之性，則能盡物之性；能盡物之性，則可以贊天地之化育；可以贊天地之化育，則可以與天地參焉。

所以，人只有誠，並且通過誠，才能認識自己的眞實本性，也才能認識其他人的性以及整個世界的性。

可見誠不僅是一個道德問題，也是一個認識論的問題，不能做到誠，即不能認識自己，也不能認識他人，更談不上認識整個世界。人做不到誠，也就只是一凡人，當然做不了曾國藩所說的「第一等人物」。

曾國藩覺得自己一身毛病，百孔雜出，而各種毛病的根源就在於不誠實。他認為天地之所以運行，國家之所以建立，聖賢的德業之所以可以光大，可以持久，都是因爲誠實的原故。所以說：「誠者，物之終始，不誠無物。」

在給賀長齡先生的信中，他曾猛烈抨擊當世的社會種種不誠實的現象，他說：

今天的學者，考據是他們辯論的武器，經濟是他們獵名的工具，說的人不實在，聽的人引爲寶貝，轉而相互欺騙，不以爲恥。至於官場積習，越來越崇尙虛文，做的人不奇怪，知道的人不揭露，互相掩飾，聊以自保，並且蔚然成風。

在談到他自己時他說：

我反思往年的所作所爲，涉覽書冊，講求衆藝，哪一件不是欺人之事?高談闊論，嘐嘐自許，哪一句不是騙人的話?半夜思考，汗如雨下。縱觀先生所作的楹帖，說的都是「存誠」二字啊!如果眞能存誠而不自欺，那麼聖學王道還有其他的嗎？

然而，眞正做到誠實不欺又談何容易！對人誠實，對己誠實，而且只有眞正做到對己誠實，才能做到對人誠實。在文化裏，在日常生活裏，該有多少自欺而又欺人的東西！比如精彩的文章，漂亮的書法，華美的服飾，而這些東西都是給人看的，因此就具有相當的表演性，其中一個很大的目的就是吸引人，贏得他人的好感和讚美。然而這一目的卻被一些冠冕堂皇的理由掩蓋了：追求藝術的精湛，追求美，使你對它簡直動彈不得。還有比這自欺而又欺人的嗎？

格物致知

先說說格物致知。《大學》中云：「致知在格物，物格而後知至。」鄭玄注：「格，來也；物，猶事也。」「致知在格物」，「此致或爲至」。朱熹解釋說：「言欲致吾之知，在物即窮其理也。」簡單一點說，格物，就是接觸事物，致知，就是獲得知識。

曾國藩曾這樣解釋格物，他說：格物，致知之事也。可見他把格物致知看成一回事情。那麼，物是什麼？即所謂關於本來的東西。身、心、意、知、家、國、天下都是物質，天地萬物都是物質，日用常行的事都是物質。格，就是認識事物的道理，如事親定省，是物；追求之所以事親定省的道理，就是格物。跟隨哥哥走，是物，問爲什麼要隨哥哥走，就是格物。我的心是物，問心的存在道理，還有廣泛尋求涵養作爲心存在的道理，就是格物。我的心是物，問敬重身體的道理，又廣泛尋求站坐起居以敬重身體的道理，就是格物。每天所看的書，句句都是物，用自身的經驗去體察，尋根問底，就是格物。

一個人不讀書則已，一旦他自稱爲讀書人，就必須研習《大學》。《大學》的綱領有三：明德、新民、止至善。這些都是一個人份內的事。如果讀書不能體現到身上去，說這些與自身毫無關係，那讀書又有什麼用呢？雖然能文能詩，自詡博雅，也只能算一個識字的牧童而已，哪裏稱得上明理有用的人才呢？所以一個讀書人不能不格物致知。

在曾國藩周圍有一批良師益友，在格物致知上很見功力。如吳竹如對一事一物都尋求其規律，竇蘭泉對一言一事都務求其精到，吳子序、邵蕙西談經，無不深思明辨，何子貞談字，說到精妙處，無不契合。他們都直接或間接地激勵、啓發著曾國藩在理學上的深思。

在格物致知中，前輩倭艮峰先生對曾國藩啓發最大，他說：「研幾功夫最要緊。」「幾」即隱微，不明顯處。《周易・繫辭》云：「君子見幾而作。」這個「幾」就是事物的苗頭和預兆。倭先生眞是抓住了做學問的要害，如果沒有這種把握事物發展趨勢的能力，要想在學問上有所創造是不可能的。倭先生以他的博學和精微教誨曾國藩說：「顏子有不對的地方，他自己未必不知道，是因爲他有窮究精微的功夫。周敦頤說：研究善惡的幽微。《中庸》說：潛藏的道理埋沒著，應使其昭彰於世。劉念台先生說：驅動想像力去探索幽微的道理。說的都是研幾功夫。放棄這一功夫，心一放就難收了。」

所以要想獲得眞知灼見，就不能不具備「研幾功夫」。

神明如日升，身定如鼎鎮

曾國藩說：神明則如日之升，身體則如鼎之鎮。這兩句話可以作爲座右銘來遵守。由此可知，曾國藩已體悟到了「主靜」的滋味了。

「主靜」一語由周敦頤在《太極圖說》中首先提出，他認爲，天地誕生以前的「無級」本來是「靜」的，所以人的天性本來也是「靜」的，只是由於後天染上了「欲」，因此必須通過「無欲」的功夫，才能實現業已喪失的「靜」的境界。

對理學家而言，「靜」的功夫是如此重要，那麼曾國藩如何體會周敦頤的「主靜」學說的呢？道光二十二年十一月，曾國藩在自言自語：

只有心靜到極點時，身體才能寂然不動，所謂沒有絲毫雜念，但這畢竟未體驗出眞正的「靜」境來。眞正的「靜」境是在封閉潛伏到極點時，逗引出一點生動的意念來，就像冬至那一天，陰氣殆盡，陽氣初動，此時根正本固，這才可以作爲一切的開始。

昆蟲破眠，才可以稱爲開啓；穀子堅實，才可以作爲下播的種子，如果種子不飽滿，說明沒有滿腔生意，就不能作爲種子；假若萬物就這樣在我心中開始，那就不能說達到了至靜的境界了。然而靜極生陽，大概生物也有一點萌動的仁心吧！氣息靜級，仁心卻不止息，這難道不是可與天地相比的至誠嗎？顏子三月不違，可以說是洗盡雜念，隱居退藏，他是在靜極中體會眞樂趣的人啊！

我們這些人求靜，想不同於佛禪的入定，冥然罔覺，那麼就一定要驗證一下這個心，有沒有所說的一陽初動，萬物憑此而萌生的意念。如果有，大概才可以說達到了靜的極點，才可以說沒有絲毫雜念，才可以說身體寂然不動，鎮定如鼎。如果沒有，即使深閉固拒，心如死灰，自以爲靜，生機的意念幾乎停止，那也不能算眞正的靜，況且他也沒有眞正的靜。

有些人爲此所困擾，不想紛紜往來於人世，經過對道本身的觀察，才知道陽先於陰，這才相信了。是啊，如果不是由自己親身體驗得來，終究是浮光掠影之談。

可見，那時的國史館協修官曾國藩對理學已有很深的體悟了。

「悔」與「硬」

同治九年五月，曾國藩作了一副對聯：「戰戰兢兢，即生時不忘地獄；坦坦蕩蕩，雖逆境亦暢天懷。」這副對聯集中反映了他精神世界的兩重性，一方面戰戰兢兢，一方面坦坦蕩蕩；一方面悲觀主義，一方面樂觀主義。他的悲觀是對樂觀的悲觀，他的樂觀是對悲觀的樂觀，這使他能生不忘死，居安思危，也使他能辱中求榮，挫時思奮。這種逆來順受法，曾國藩稱之爲「悔字訣」與「硬字訣」。

曾國藩援引朱熹的話說：悔字如春，萬物蘊蓄初發；吉字如夏，萬物茂盛已極；吝字如秋，萬物始落；凶字如冬，萬物枯凋。朱子將《易經》中的元（初始）、亨（通達）、利（和諧）、貞（貞固）與四季相配，於是就有了元字配春，亨字配夏，利字配秋，貞字配冬。曾國藩特別解釋說，「貞字即硬字訣也」，於是就有了一條處世秘訣：「以硬字法（效法）冬藏之德，以悔字啓（開啓）春生之機」。

硬字，曾國藩也稱爲「倔強」，他祖父星岡公曾教他，男兒不可「懦弱無剛」，他自己也認爲，「功業文章，皆須從此二字貫注其中，否則柔靡不能成一事。孟子所謂『至剛』，孔子所謂『貞固』，皆以『倔強』二字做出。」初出山時，曾國藩刀光閃閃，殺人如麻，人稱「曾剃頭」，不就是初試一「硬」字。在百端拂逆之際，艱苦卓絕之時，他也是「好漢打脫牙和血吞」。他的「結硬案，打呆仗」，「屢敗屢戰」不也是得力於一個「硬」字。

如果僅僅是硬字，那就不足以服衆，也不足以成就一番事業。曾國藩的成功之處還得力於一個「悔」字，「悔」字是從內省中化生出來的，那就是對自己行爲的檢點或反省，也反映出曾國藩智慧的一面。在一篇日記中他這樣寫道：「大抵人常懷愧對之意，便是載福之器、入德之門。如覺天之待我過厚，我愧對天；君之待我過厚，我愧對君；父母之待我過慈，我愧對父母；兄弟之待我過愛，我愧對兄弟；朋友之待我過重，我愧對朋友，便處處皆有善氣相逢。如覺我已無愧無怍，但覺他人待太薄，天待我太嗇，則處處皆有戾氣相逢。德以滿而損，福以驕而減矣。」曾國藩早年在翰林院整月整月地研讀《易經》，自然受到了其中陰陽消長、剛柔相推思想的影響，他常常引用《易經》中的「日中則昃，月盈則食」來告誡自己和家人。

曾國藩的這種思想並非晚年才有，早在咸豐年間就已思慮成熟，他曾寫過一聯：「養活一團春意思，撐起兩根窮骨頭。」也是一悔一硬，柔中顯剛，可進可退，亦行亦藏。正是這種思想使自由地游刃於天地之間。

盡性知命

人生在世，有可爲之事，也有不可爲之事。有可爲之事，當盡力爲之；這就是盡性；有不可爲之事，當盡力從之，這就是知命。

所謂性，就是對可知的事物盡其所能去知道它；所謂命，就是對不可知事物只好聽天安排。理解了這兩層意思，也就明瞭了人力和神力的界限，進而也就明瞭了自己的責任以及所應採取的態度。

《易·繫辭》中有這麼八句：「尺蠖之屈，以求信也。龍蛇之蟄，以存身也。精義入神，以致用也。利用安德，以崇德也。」這就是盡性。大意是說，尺蠖蟲收縮身體，是爲了爬行。龍蛇的冬眠，是爲了求生。精通義理出神入化，是爲了學以致用。利用所學安身立德，是爲了弘揚德行。此外還有四句：「過此以往，未之或知也。窮神知化，德之盛也。」這就是知命。大意是說，離開了上述所講的而談別的，我就不知道了。至於超越神奇、懂得教化，那就是最完美的德行。

由此可見，農夫耕田種莊稼，勤勞者就有好收成，懶惰者當然會歉收，這就是性；種莊稼若遭了旱澇之災，到頭來莊稼或者早死或者淹爛，這就是命。愛人，治理人，以禮待人，這就是性；但愛人而人不親我，治理人而得不到治理，以禮待人而人不以禮相答，這就是命。所以，同一件事情在不同的人那裏就有盡性和知命的差別，同一件事情在同一個人那裏也有盡性和知命的差別。

一般人之所以趕不上那些聖人，就在於聖人既可盡性又能知命。盡性，就像學習普通的道理，至於知命則是一種極高的境界了。當盡性的時候，如果功力已經達到了十分，然而所得到的效果或者有相應的回報，或者沒有相應的回報。對此聖人則能淡然處之：好像知道這樣，又好像不知道這樣；好像很在意，又好像不太在意，這其中的滋味最難體會。

平常人之所以不能正確對待盡性與知命，就在於太在乎事情的結果。他們有意或無意會產生這樣的傾向，我流了多少汗就該有多少收獲，不然的話，就會悖悻然、憤憤然，牢騷滿腹、怨天尤人。他不知道謀事在人，成事在天，這個天就是命。但相信天並不等於放棄努力，得過且過，無所作爲；而是要正確看待你的努力以及所產生的結果。因此，在盡性上，不妨盲目一些，在知命上，不妨透徹一些。

總之，所謂盡性，就是盡心竭力；所謂知命，就是淡泊達觀。

爲人

曾國藩說：「細思古人工夫，其效之尤著者，約有四端：曰愼獨則心泰，曰主敬則身強，曰求仁則人悅，曰思誠則神欽。愼獨者，遏欲不忽隱微，循環不間須臾，內省不疚，故心泰。主敬者，外而整齊嚴肅，內而專靜純一，齋莊不懈，故身強。求仁者，體則存心養性，用則民胞物與，大公無私，故人悅。思誠者，心則忠貞不貳，言則篤行不欺，至誠相感，故神欽。四者功夫果至，則四者之效驗自臻。」

爲人之道

曾國藩說：爲人之道有四知，天道有三惡。

三惡即天道惡巧，天道惡盈，天道惡貳。巧，就是機巧；盈，就是豐盈；貳，就是多猜疑，不忠誠，無恆心。

先說三惡。

一個人若對他人使心機，耍詭計，也必然迫使他人對他使心機，耍詭計；他不對別人坦坦蕩蕩，別人也自然不會對他坦坦蕩蕩，他自己把自己逼上絕路。所以工於心計的人必然沒有朋友，他有的只是想利用他的人。

除了德行，所有外在的東西，曾國藩很害怕它過滿，過剩，過盈。權怕太重，位怕太高，錢怕太多，名怕太甚。他很懂韜晦，很懂權術，深知《周易》的陰陽相推理論，不是他無力承受，也不是他無福消受，而是因為重會走向輕，多會走向少，盈會走向虧。理論如此，歷史如此，經驗如此。太高、太重、太全、太盈，如果天不滅之，人必滅之，《大學》所說的「十目所視，十手所指，其嚴乎（多麼嚴峻可怕呀）」就是指的人必滅之。

忠誠，不僅對人，也對事；對人忠誠是有信，對事忠誠是有恆。朱熹說：「人不忠信，則事皆無實（眞實），為惡則易，為善則難，故學者（學習的人）必以是（忠信）為主焉。」

再說四知。

《論語》最後一章寫道：「不知命，無以為君子也；不知禮，無以立也；不知言，無以知人也。」曾國藩所說的四知，就是孔子的「知命」、「知禮」、「知言」，再加上他所說的「知仁」。曾國藩著重談了「知仁」。

仁，也就是恕，自己想立就應讓人先立，自己想達就應讓人先達，這就是恕的道理。使人有所立，足以使自己有所立；達，四方通達而不違背，遠近信之，人心歸之。正如《詩》中所說：「自西自東，自南自北，無惡不服。」《禮》所說：「推之四海而皆准，達之謂也。」

曾國藩說：「我欲足以自立，則不可使人無以自立；我欲四達不悖，則不可使人一步不行，此立人達人之義也。孔子所云『己所不欲，勿施於人』，孟子所云『取人為善，與人為善』，皆恕也，仁也。知此，則識大量大，不知此則識小量小。故吾於三知之外，更加『知仁』。」

能立能達

人生在世，難免遭受挫折、風波乍起：被冷遇、被嫉恨、被壓制、被奚落、被欺騙、被陷害……四面楚歌，百端拂逆；人間浮浮，世態炎涼。沒有足夠的準備、足夠的勇氣和足夠的智慧，誰能承受得了，消受得起呢？

曾國藩雖然官運亨通，青雲直上，然而他也有受唾罵的時候，遭大敗的時候，只不過他善於「一字不說，咬定牙根，徐圖自強而已」。然而他這「咬牙立志」的秘密被李榕看破了，李榕說他是「慪氣不說出，一味忍耐，徐圖自強」，還說他這是「好漢打脫牙和血呑」。他太了解曾國藩了，他窺破了他的隱衷，曾國藩說：

「余庚戌、辛亥年間爲京師權貴所唾罵，癸丑、甲寅爲長沙所唾罵，乙卯、丙辰爲江西所唾罵，以及岳州之敗、靖江之敗，湖口之敗，蓋打脫牙之時多矣，無一次不和血呑之。」他還認爲逆境並不可怕，那正是磨練英雄，玉人於成的好時機。因此他才挺過了一個又一個難關。

曾國荃曾向哥哥請教處逆境的方法。曾國藩告訴他：

「兄自問近年得力惟一悔字訣。兄昔年自負本領甚大，可屈可伸，可行可藏，又每見得人家不足。自從丁巳、戊午大悔大徹之後，乃知自己全無本領，凡事都見得人家幾分是處。故自戊午（一八五八年，咸豐八年）至今（一八六七年，同治六年）九載，與四十歲前迥不相同，大約以能立能達為體，以不怨不尤為用。」

他還說：

「立者，發奮自強，站得住也；達者，辦事圓融，行得通也。吾九年以來，痛戒無恆之弊。看書寫字，從未間斷；選將練兵，亦常留心。此皆自強能立工夫。奏疏公牘，再三斟酌，無一過當之語、自誇之詞。此皆圓融能達工夫。至於怨天本有所不敢，尤人則常不能免，亦皆隨時強制而克去之。」

不是親兄弟，哪裏能聽得到如此熱切、坦誠、又飽含至情的肺腑之言？！曾國荃真是有福了！沒有曾國藩一次又一次不厭其煩的教誨，他會取得什麼成就與功名呢？如果說曾國藩是被文化薰陶出來的，那麼曾國荃則是被曾國藩薰陶出來的。

立當自強，達當圓融，這可以說是曾國藩做人的真「經」。

愼獨

愼獨，是宋明理學家最重要的修養方法。《禮記·中庸》云：「莫見乎隱，莫顯乎微，故君子愼其獨也。」鄭玄注：「愼獨者，愼其閑居之所爲了。」也就是說，一個人在無人獨處的時候，對自己的行爲也要加以檢束。

曾國藩在臨死前兩年，對兒子曾紀澤、曾紀鴻提出了全面的修身養性的要求，其中第一條就是愼獨。他說：「愼獨則心安。自修之道，莫難於養心。心，既知有善（亦）知有惡，而不能實用其力（在實踐中身體力行），以爲善去惡，則謂之自欺。方寸（心）之自欺與否，蓋（大概）他人所不及知，而已獨知之（只有自己一人知道）。故《大學》之『誠意』章，兩言（兩次說到）愼獨。果（眞）能好善如好好色，惡惡如惡惡臭，力（努力）去人欲，以存天理，則《大學》之所謂自謙，《中庸》之所謂戒愼恐懼，皆能切（切實）實行之。」

除了工作和其他群體活動，人在大部份時間是一個人獨處，他的心理活動基本上屬於他一個人，他與人交心談心的時候是極少的，況且人在交談時除了他所要表達了，還有他沒有表達的，這沒有表達的就是他自己的內心活動，「王顧左右而言他」，可見說的與想的並不是一碼事。所以人的內心世界是極隱秘的，難於覺察的，有些想法他不告訴別人，別人是無法知道的。交談是如此，何況一個人獨處呢？為什麼說人心叵測？道理就在這裏：人的心理極而言之就處於一種獨處的狀態。

正是因為人的心理具有這種隱秘性，《大學》才講「誠意」，有誠意才可取，才能交流、共事或生活，不然的話，就只能偽飾或欺騙；然而，在生活中誰都不承認自己是不誠實的，即使他眞的在欺騙別人，他也要顯得是眞誠的；一方面他確實不眞誠，另一方面他極力顯示眞誠，這就不能不從事說謊或偽裝；他能騙得了別人，可騙不了自己，他是自己眞誠的唯一的審判者，所以君子才要愼其獨也。

曾國藩說，能夠做到愼獨，就可以內省不疚，可以對天地、質鬼神，可以泰然處之，可以快樂、滿足、欣慰、平靜。愼獨就是眞誠，眞誠就是快樂。難怪孟子說，反問自己是眞誠的，就是最大的快樂；難怪荀子說，沒有比眞誠更好的養心方法了。

慎獨，「是人生第一自強之道，第一尋樂之方，守身之先務也。」曾國藩如是說。

居敬

居敬，是宋代理學家倡導的一種修養方法。最早出現於《論語·雍也》：「居敬而行簡。」朱熹注：「（其意）言自處以敬。」朱熹還說：「學者工夫，唯在居敬窮理二事。」敬，就是嚴肅認眞。

曾國藩說：「敬之一字，孔門持以教人，春秋士大夫亦常言之，至程朱（程顥、程頤、朱熹）則千言萬語不離此旨。」可見曾國藩對敬的來龍去脈瞭如指掌，下過一番切實的工夫。

早年，曾國藩與友朋交往時，多次談到對「敬」字的體驗。好友吳竹如告訴他：捨「敬」字別無下手之方，總以嚴肅爲要。他自己也深知「敬」字是吃緊下手處。然而每天自旦至夜，瑟赫喧（《詩經·淇奧》）：「瑟兮僩兮，赫兮喧分。」鄭玄注：「瑟，矜莊貌；僩，寬大也；赫，有明德，赫赫然；喧，威儀容止宣著也。」）之意曾不可得，行坐自如，總有放鬆的意思，及見君時，又偏覺整齊些，是非所謂掩著者耶？《論語》曰：「望之儼然。」要使房闥（家族）之際、僕俾之前、燕怩（親密）之友，常以此等氣象對之方好，獨居則火滅修容。切記！切記！此第一要藥。能如此，乃有轉機，否則墮落下流，不必問其他矣。

那麼曾國藩是如何理解「敬」的呢？他說：「內而專修純一，外而整齊嚴肅，敬之工夫也；出門如見大賓，使民如承大祭，敬之氣象也；修己以安百姓，篤恭而平天下，敬之效驗也。程子謂上下一於恭敬，則天地自位，萬物自育，氣無不和，四靈畢至，聰明睿智，皆由此出。」

曾國藩對敬字還有一番特別的體驗。朱熹是居敬而窮理，曾國藩是主敬則身強。他認爲，恭恭敬敬就能強身健體，他常常感到，一天不敬不靜，就會疲勞困乏。他說，莊重恭敬日益強大，安逸放縱則日益減少，這是很自然的事情。雖然自己年邁體弱，可是一遇到壇廟祭祀的時候，或者戰事危急的時候，人不知不覺就會精神抖擻起來，「神爲之悚，氣爲之振」，這充分說明恭敬可以強身健體。

如果無論人多人少，不管事大事小，一一恭敬，不敢怠慢，那麼身體之強健，是毫無疑問的。

習勞

曾國藩說：「凡人之情，莫不好逸而惡勞，無論貴賤智愚老少，皆貪於逸而憚於勞，古今之所同也。」

勞動，不是人的本能，而吃、穿才是人的本能；為了生存，人不得不勞作，為了提高生存的質量，人從事著更高級的勞作。正是這種更高級的勞作，推動著人類的文明的發展；沒有人天生就喜歡勞動，人總是想從最少的勞動中獲得最多的收穫，於是智慧引入到勞動中去，發明了機器和電子技術。現代人的勞動形式發生了根本性的轉變，體力勞動強度越來越小，而腦力勞動強度越來越大，現代人可以用很少的體力，很少的時間去做古人要花很多體力、很多時間才能做的事情。現代技術把人從繁重的體力勞動中解放了出來。

現代技術減輕了人的勞動強度，同時也增強了人的享受程度；但不管現代技術如何先進，勞動仍然是人類最基本的存在形式，只不過勞動的形式有所不同罷了，他必須以更高的智慧或技術去從事勞動。所以勞動的形式不同，但勞動始終存在，因此關於勞動的道理也是一致的。曾國藩說：人一日所著之衣，所進之食，應與一日所行之事，所用之力相稱，這就是自食其力。勤勞仍是人的最基本的美德。

古代聖君賢相，像商湯的「昧旦丕顯」，文王的「日昃不遑」，周公的「夜以繼日坐以待旦」，都是無時無刻不以勤勞自勉。《天逸》一文，推繹出這樣的結論：勤勞則長壽，安逸則夭亡，歷來沒有例外。爲一身計，就必須操習技藝，磨練筋骨，困知勉行，而後可以增智慧而長才識。爲天下計，就必須不顧個人饑餓勞苦，一人沒有吃飽，就是自己的過錯。大禹周乘四載，過門不入，墨子摩頂放踵，以利天下，都是對自己儉樸，對人民勤勞。荀子喜歡稱讚大禹、墨翟，就是因爲他們勤勞。

曾國藩興軍以來，凡是有一技之長的人，吃苦耐勞的人，沒有不被任用的，沒有不被世人所稱頌的。那些一無所長的人，不慣勞作的人，都被世人所唾棄，或者餓死或者凍死。所以，曾國藩說：

勤者壽，逸者夭。勤則有材而見用，逸則無能而見棄；勤則博濟斯民（博愛救濟民眾），而神祇欽仰，逸則無補於人，而鬼神不歆。是以君子欲為人神所憑依，莫大於習勞也。

積學：厚學面自潤

玉不琢，不成器；人不學，不知道。

——《禮記》

學而不思則罔，思而不學則怠。

——孔子

吾嘗終日而思也，不如須臾之所學也。

——荀子

操千曲而後曉聲，觀千劍而後識器。

——劉勰

曾國藩本來就是一介書生，讀書和寫作似乎是他的唯一嗜好，即使是在戰亂頻仍的時候，他也不曾間斷過，在他臨死的前一天，他還在讀和寫。對曾國藩來說，美服可以沒有，佳餚可以沒有，華宅可以沒有，甚至女人也可以沒有，但不能沒有書，不能中斷寫作。讀書與寫作已成爲他生命中最眞實的一部分。而今這一部分業已構成中國近代文化中極爲生動的篇章。

功能

書，可以醫愚，可以益智，可以養生，曾國藩在他漫長的讀書生活中對此均有深切的體驗。

讀書可改變一個人

看一個人，不一定看他做了什麼事，只要看他所讀的書，或者他樂於談論的書，就可以知道這個人的精神品級。一個人的思想、境界和氣質無不與他所喜歡的書發生聯繫。

也許有的人讀了某一本書就會受到影響，也許有的人讀了某幾本書才會受到影響，但無論是哪一種情況，只要他眞正喜歡某一本書，那麼他就可能眞正喜歡某一類書，並會成爲某一類型的人。有的人開始是這一類型的人，但讀了另一類型的書以後，他卻成了另一類型的人。

曾國藩說，人的氣質，是先天生成的，本身是難以改變的，只有讀書才可以改變一個人的氣質。古時那些精通相術的人，說讀書可以改變一個人的骨相。這說得也許有一點玄，讀書是否可以變換一個人的骨相？至今還沒有人證明，但也沒有人證僞，或者說，還沒有人從科學的角度對讀書與骨相的關係進行過研究，不妨存疑。但有一點是可以肯定的：讀書可以改變一個人。有人自卑，因讀書而自信；有人浮躁，因讀書而寧靜；有人輕佻，因讀書而深沉。劉向就說，「書獲藥也，善讀之可醫愚也。」說的就是有人愚魯，因讀書而明達。

曾國藩對此深信不疑。當他看到紀澤的字曾深有感觸，說他近來寫的字總是失之薄弱，骨力不夠堅勁，墨氣也不夠豐腴飽滿，由此他想到了他的字和他的行為舉止患的是一樣的毛病，那就是不夠持重。

如何醫治這一毛病呢？曾國藩勸紀澤多讀顏體和柳體，並教他用油紙摹寫《郭家廟》、《瑯琊碑》和《玄秘塔》這樣的名帖，天天留心，專門從厚重兩個字上下功夫。不然的話，字質太過單薄，人的氣質也因此而更加輕薄了。

人並不是天生就完美的，總是存在這種或那種毛病，而醫治毛病的一個好方法就是讀書。

書味深者，面自粹潤

曾國藩說過一句極爲精到的話：「書味深者，面自粹潤。」意思是說，讀書體味得深的人，面容自然純粹、滋潤。這句話不是一般的人能說出來的，必須觀察很多人，理解很多事，尤其是對事與事之間的關係有一種透徹的領悟力的人才說得出來。曾國藩不愧爲靈氣與鬼氣兼備的人。

讀書體味得深的人，一定是心智高度集中的人。他的心地單純，潔淨，一切人世間的雜事、瑣事和煩心事都被他拋在九霄雲外；至少這些事不經過他的心靈，也就是說他不爲這些事所攪擾，所糾纏。唯一吸引他的注意力的是書中所體現出來的那種境界，這境界構成了對外物的排拒力，於是他才得以守候著自己的內心世界，修煉、陶冶或者燃燒；當他出現在我們面前時，眞猶如天仙一般。

由於心智的高度集中，因此他的精神和肉體得到不斷的積聚，他的精氣神沒有一絲一毫地渙散，他一天比一天充實、豐沛和完善，日有所得，月有所獲，年有所成。久而久之，在他心中便養成了一股浩然之氣，這浩然之氣又作用於他的身體，使他的生活有理、有序、有節。所以，讀書體味深的人，一定是身體健康的人。

讀書體味得深的人，一定是淡於功名的人。要使一個讀書人淡於功名，可不是件容易的事情。有多少人是爲了讀書而讀書呢？人們讀書總有一個世俗的目的，甘於讀書的人實在太少了。人一旦有了功名心，就難以超脫，總是有這種或那種煩惱與憂愁。而這種情緒對一個人身體的損害比人們想像的還要大，他又如何能「面自粹潤」呢？當然這並不是說人不能沒有一點功名心，問題是要「淡」於功名，要放得開，看得遠，以不影響人的心緒爲度。

「面自粹潤」，對讀書人而言，是不可僞裝的，必須火候已到，才能有這種體驗，故意追求或操之過急只會適得其反。讀書人若想達到「面自粹潤」這種境界，就必須有讀書的硬功夫，要在讀書中有眞心得和大體會。

讀書不求官

孔子說：「仕而優則學，學而優則仕。」這就是說，做官尚有餘力就去學習，學習尚有餘力就去做官。七十年代初我還是個孩子，並不理解「學而優則仕」的含義，以爲孔老二的意思是學習好了就可以做官，這還了得，這不是宣揚「讀書做官論」嗎？差不多每學期都要寫一篇批判稿，把自己的憤怒、決心和忠誠訂在牆上，讓它在風中一飄一揚的。反正是批判稿，只要臭罵一通就可以交卷。後來想想也覺得好笑。

可仔細一想，也沒有什麼好笑的。書讀好了做官是不好的，那麼書沒有讀好做官就是好的了，還有比這更荒謬的嗎？然而歷史就是如此，比如「白卷英雄」，比如「外行領導內行」，不就是書沒讀好就去做官嗎？於是很多領導人不學無術，連文件也念不通順。想想這種情形還是覺得「學而優則仕」好，它至少是對領導人文化素質的一個考查。荀子就說過：「學者非必爲仕，而仕者必如學。」所以做官的人一定要學習。

但這並不是說「讀書是爲了做官」，人生在世，還有許多事情可以做，不一定非得做官不可。有人讀書的確是爲做官，這也不一定就是一件壞事，只能說他讀書的目的很具體、很明確，人各有志嘛。但不能說讀書的目的僅僅是爲了做官，更不能說讀書的最高境界就是爲了做官。「學而優則仕」的錯誤就在於它將學問好與做官等量齊觀了，做學問和做官是兩回事情，它們之間並不存在一個因果關係；而且這句話還有一個狹隘的目的論，這種目的論與「書中自有黃金屋，書中自有顏如玉」是大體一致的。

相信這種目的論的人，只看到了讀書可能帶來的世俗的好處，他受激勵的動力來自於書本以外的功利目的，他不知道讀書的眞正樂趣就在書本中。你從讀書中獲得啓迪，發現與創造，也許一本書說出了你想說而沒有說的話，或者說出了感覺到了但沒有想到的話，或者說出了壓抑在心頭而一直得不到發洩的話，總之，這些話說到了你的癢處、痛處和傷心處，你一下子被照亮了，於是你怡然自得、拍案擊節甚至涕泗橫流。

有了這份心性，你才可以稱得上是一個眞正的讀書人，才能超然物外，有所發明或者建樹。蘇東坡就屬於這種人，他有一首詩寫道：「治生不求富，讀書不求官。譬如飲不醉，陶然有餘歡。」對此曾國藩極為欣賞，他反覆吟咏，並且增添數語：「治生不求富，讀書不求官。修德不求報，為文不求傳。譬如飲不醉，陶然有餘歡。中含不盡意，欲辨已忘言。」

書可益智

人生天地間，大約總想明白一些事理的。如果想生活得更好，更有質量，更符合自己的理想，那就一定要明白一些事理。當然有人終其一生，也不見得就明白多少事理，這種人只是一個自然人，生得糊塗，死得也糊塗，所以他的生命不會留下多少痕跡。

所以人生天地間，一定要明白事理；而明白事理的途徑或方法有兩種，一是從生活或經驗中學習，一是從書本中學習。從生活中學習在理論上叫做直接經驗，俗話所說的「吃一塹，長一智」，就是這種經驗，它是我們明白事理的一個重要方法；但人的生命是有限的，他也不可能事事都去經歷，如果每件事情都要親歷，不僅是在浪費時間，而且也顯得迂闊可笑。比如你沒有親眼見過埃及的金字塔，就認定金字塔不存在，那你肯定會受到世人的嘲笑。因此，間接經驗，也就是從書本中獲得的知識或智慧就格外重要；在一個現代人所獲得的知識中，間接經驗要比直接經驗多得多，否認間接經驗，就意味著否定文明、歷史和文化。

在曾國藩的人生經驗和生活智慧中，或者說在他所欣賞、認同和讚美的知識中，間接經驗佔了絕大部分。他是一個深受中國傳統文化薰染的文人，爲傳統文化中所傳達出來的微言大義所折服，而且將自己的一言一行納入這種文化規範中進行檢驗。他不僅自己這麼身體力行，還教導他的兄弟和子女也這麼去做。在《曾國藩全集》中，我們隨處都可以看到傳統文化在他身上打下的深深烙印，有時是對一首古詩激賞，有時是對一個字的鈎沉，有時是對一句名言的闡釋，有時是對一個聖人的整體風格的領悟與評說。正是由於他對中國傳統文化的深切理解與綜合吸收，才使他成爲一個具有高度生活智慧的人，一個道德文章功業顯赫一世的人，一個具有巨大文化價值和魅力的人。

曾國藩平常最喜歡讀蘇東坡的《上神宗皇帝書》，他一遍又一遍地讀，好像得到了一種喜歡吃的菜餚一樣，樂此不疲。他之所以欣賞它，就因爲它境界高邁。他還向弟弟推薦它，勸他讀它十多遍。認爲讀多了自然有益神智。

目的

每個人讀書都有他的目的，或者想做官，或者想發財，或者想擴大視野，或者想增長才幹。曾國藩就是通過讀書而獲得高位重權的，雖然他反對為了科舉而讀書。他是一個理學家，因而他的讀書目的也沒有超出一般理學家的範圍，那就是正心、誠意、修身、齊家、治國、平天下。

讀書有為人與為己之分

《論語·憲問》中說：「古之學者為己，今之學者為人。」這句話對曾國藩的影響很大，他認識到了讀書有為人與為己兩種目的。

在曾國藩那個時代，不乏學問廣博的人，他們中的許多人可以稱得上宏儒碩士。但其中為別人做學問的人多，為自己做學問的人少。例如顧、閻並稱，顧炎武為自己做學問，而閻若璩則是為讓人認識做學問。再有江、戴並稱，江永為自己而學，戴震則免不了爲被人認識而存在。又有段、王並稱，王念孫爲自己，段玉裁則免不了爲讓人所見而存在。還有方、劉、姚並稱，方苞、姚鼐爲自己，而劉大櫆則免不了爲讓人認識而存在。在那些仕途順達官位高居的人中，如李光地、朱軾、秦蕙田，爲自己而學的人佔多數，但紀昀、阮元則免不了爲讓人認識而存在。

爲他人而讀書，即使有些心得體會，也會隨著時間的推移而消失；爲自己而讀書，才會更眞切地體會到「甘苦寸心知」含義，一點一滴的收獲都是自己用汗水澆灌出來的，才會備加珍惜。爲他人而讀書，心中總有一個別人，十分在意自己的所得所見以及這種所得所見是否會產生影響？是否會引起別人的注意或者共鳴？爲自己而讀書的人，考慮更多的是自己的所思所感是否有價値？這種所思所感是否具有獨創性？他不會被別人的好惡所左右，不會被流俗的見解所羈絆，他的標準或尺度完全在他自己，他是一個自由人，而這是一切發明創造最基本的前提。

讀書人用功學習，完全是一件爲自己的事情，似乎用不著大張旗鼓。那些喜歡熱鬧的人，喜歡表現的人，喜歡投機的人，根本無視這一本來是微不足道的事實，他不知道自己所做的一切與別人沒有關係；爲取娛他人而讀書，或者爲獲得他人的尊敬而讀書，爲符合他人的標準而讀書，這難道不既可笑又荒唐嗎！再說讀書也是一件很寂寞、很清苦的事情，古語不是說「學海無涯苦作舟」嗎？讀書人就應該在不爲人所知的幽居中默默耕耘，種桃得桃，種杏得杏。

所以，對於有心向學的人，曾國藩會勸你首先得劃清爲他人而讀書與爲自己而讀書的界限，然後再下一番苦功夫；實實在在地爲自己而讀書，拋開一切雜念、花招和世俗的觀念，心淨氣正，無拘無束。

目的

曾國藩在給他幾個弟弟的信中談到讀書的目的，他寫道，我輩讀書，只爲兩件事：一是修身養性，包括誠心、正己、修身、齊家，以求無愧於父母；二是精研學業，包括學習詩詞文章及其作法，以求保護自己。

修身養性，一言難盡；但對精研學業曾國藩有獨到的心得，他認爲：

保護自身，就是生存，也就是解決吃飯問題。一個農夫，一個工人，一個商販是靠體力勞動吃飯的，而一個讀書人是憑腦力勞動吃飯的。所以，無論在朝堂享受俸祿，或者在鄉間教授學問；無論輾轉四方作食客，或者進入官府當幕僚，都必須有自己的一份看家本領而獲得一碗飯吃，而且問心無愧。

當然，科學題名，也可以謀得一碗飯吃，但必須立志將來不尸位素餐，而後博得功名，不致心中有愧。達官是做得還是做不得，是窮困潦倒還是飛黃騰達，完全由天意決定；是被封官還是免職，完全由他人定奪。只有學業的精與不精，則完全由自己作主。學習的勤與怠，多與少，認眞與馬虎，有恆與無常，是自己的能力所能控制的。那些學業沒有長進的人，不是被別人毀掉的，而是被他自己毀掉的，可以說他是不戰而敗。

在曾國藩那個時代，他沒有見過在學業上確有造詣卻始終得不到重用的人；如果他活到現在，相信他也很難看到這種人。一個人只要有硬功夫、眞本領，走遍天下他哪裏找不到一處可以發光散熱的地方呢？也許在某時某地他會被壓制，但他決不會時時處處被壓制，金子總會有閃閃發光的那一天！

或許，現在的讀書人比曾國藩那個時代的讀書人幸運，吃飯已不成其爲一個問題；他們追求一種理想的、高質量的生活，而他們的生活壓力更大，負擔更重，環境也更爲複雜。然而，這都是些外在的問題，是個人的能力所無法解決的，也是他人所共同遭遇到的問題，因而是可以存而不論的。而他仍然是自己主人，他有充分的權力決定自己去學習，或者不學習。況且他有古人所不可想像的優越條件：豐富的資料，快捷的信息，先進的設備和方便的環境。

我們有理由比古人做得更出色！

不因科舉誤終身

科舉制度產生，是人類文明進步的一個標誌。從理想的狀態而言，其最大的優點就是倡導公平和公正，無論貧與富、尊與卑、長與幼，他們都面臨共同的挑戰和機會。

現代考試制度，實際上是對科舉制度的一個發展，在考試內容上更符合時代要求，在考試形式上更科學化、精密化和機械化；但萬變不離其宗，在考試功能上和基本模式上並沒有發生改變，那就選拔人才、考核人才與評定人才。

誰也說不清一個現代人一生要面對多少次考試，別的不說，光是幾種大型考試就有中考、高考、研究生考試、出國考試、職稱考試等等等等，不一而足。考試成了人生的一個重大課題。不說一個人有沒有能力應付這些考試，即使有能力應付也得爲此付出代價高昂的精力與時間。在這個世界上，能游刃有餘、輕鬆自如地應付所有這些考試的人可謂鳳毛麟角，也許你通過了許多種考試，但總有一種考試會使你敗將下來。

但是不管是哪一種考試，只有一個目的，那就是檢驗你所掌握的知識以及相應的能力是否達到了一定的水準。然而這種檢驗有很大的局限，因爲考試僅僅是在一個單位時間內，對某一系統知識中進行數量很小的抽樣或隨機測試，絕大多數知識不會受到檢驗，有人成功就是依靠了這一偶然因素；因此所有的考試並不是對一個人全部知識或能力的檢驗，這就是爲什麼有的人拿到了博士文憑不如一個沒有拿到博士文憑的人的原因。

況且即使你獲得了某一考試證書，也只能說明你以前曾經在某一方面達到過一定的水平，但這一紙文憑並不能保證你終其一生永遠是這一水平。古人講，學習就像逆水行舟，不進則退。如果三年五載你不再學習，那麼你在某一方面的知識就會陳舊，能力就會退化，所以俗話說活到老，學到老。

考試制度和任何制度一樣，它解決了某一問題，但又產生了新的問題：比如你一旦獲得了博士文憑，你終身都是一個博士，並不會因你的能力退化了而剝奪你的頭銜；然而人類並沒有爲消除這一弊端而對博士舉行年度資格審查考試，因爲除了考試外，人類還有許多更重要的事情要做。

明白了考試制度的利與弊，你就該坦然地而面對它，勝不驕，敗不餒，目光遠大，所謂風物長宜放眼量。不然，就會如曾國藩所說，天天埋頭於考題試卷，學業卻得不到精進，缺乏眞才實學，沒有眞知灼見，必然因科舉誤終身，到那時，悔之晚矣。

經驗

一個學養深厚的人，往往有很多獨特的讀書經驗。曾國藩的讀書經驗一是來自古人，一是來自同時代的人，只不過他加入了一些自己的感受。其實這些經驗都是最平常的最一般的經驗，是一個認認眞眞讀過書的人都可能產生的經驗。

讀書如熬肉

子思和朱熹曾就讀書打過一個絕妙的比喻：爲學好比熬肉，首先必須用猛火煮，然後再用漫火溫。

所謂用猛火煮，就是集中時間與精力，對所研究的對象進行高強度的進攻，以求對研究對象有一個整體的了解與把握；也許這種了解與把握不夠準確，可能還會流於粗疏，但無關大體，重要的是你已對它有了一個輪廓性的、方向性的控制。比如你要研究魯迅，首先就得將魯迅的全部著作瀏覽一遍，包括他的日記和書信，然後就要閱讀魯迅的傳記以及其他背景資料，同時你還要研究國內外影響較大的魯迅研究成果。這樣你就對魯迅，對他的作品，對有關他的研究狀況有了一個通體的把握。

所謂用漫火溫，就是分散火力，對所研究的對象進行各個擊破，緊緊抓住那些重要的問題，或者打動你、刺激你、啓發你的問題，或者是那些別人還沒有注意過的問題，以期對研究對象有一種獨特的理解與闡發。還是說魯迅研究，在以前，研究魯迅大致從社會學、政治學、文化學和文學的角度著眼，但很少有人從心理學的角度來研究魯迅，如果你從魯迅的心理與文學形式的選擇，魯迅的心理與對塑造人物的影響，魯迅的心理與「國民性」相互關係等等課題來研究魯迅，也許你會發現前人從來沒有發現過的問題。

如果說「猛火」是接受，那麼「漫火」就是消化；「猛火」是基礎，「漫火」則是發現，而且基礎愈紮實，發現也就愈獨特。俗話說，慢功出細活，你的研究是否有價值，就看你「漫火」如何「溫」了。猛火與慢火，已成爲一般學者所樂於採用的方法，在很多時候相當奏效。當然，猛火與漫火在研究過程中往往不那麼容易分別開來，只不過是一種大概的步驟而已。

曾國藩很謙遜，他說自己做學問從來沒有用猛火煮過，雖然略有見識，但那是靠自己的悟性得來的。偶爾也用功，那不過是一時興起，隨意翻翻而已。火力不夠，就像沒有煮沸的水，馬上又用小火溫，結果是越煮越不開了。可見曾國藩對自己要求得多麼嚴格。

曾國藩相信這是一種十分有用的方法。

讀書應有所選擇

汗牛充棟，人們常用這個詞語來形容書籍之多。的確，站在圖書館中，我們常常產生一種被書淹沒的感覺，這麼多書從哪裡看起呢？如果你正好研究中國傳統文化，曾國藩會告訴你：買書不可不盡量的多，讀書不可不加以選擇。

韓愈可稱得上是千古大儒，他自稱所服膺的書不過以下幾種：《易經》、《尚書》、《詩經》、《春秋左傳》、《莊子》、《離騷》、《史記》以及司馬相如和楊雄的文章。

柳宗元自稱對自己幫助最大的書，主要有《易經》、《尚書》、《詩經》、《禮》、《春秋》等正書；此外還有《穀梁傳》、《孟子》、《荀子》、《莊子》、《老子》、《國語》、《離騷》、《史記》等書。

在清朝學者中，曾國藩最喜歡高郵的王念孫父子。王念孫在《讀書雜誌》中所考訂的書包括：《逸周書》、《戰國策》、《漢書》、《管子》、《晏子》、《墨子》、《荀子》、《淮南子》、《後漢書》、《老子》、《莊子》、《呂氏春秋》、《韓非子》、《楊子》、《楚辭》、《昭明文選》等共計十六種，另外他還著有《廣雅疏證》一書。其子王引之在《經義述聞》中所考訂的書包括：《易經》、《尚書》、《詩經》、《周官》、《儀禮》、《大戴禮》、《禮記》、《左傳》、《國語》、《公羊傳》、《穀梁傳》、《爾雅》等共計十二種。王氏父子博學多聞，爲古今所罕見，但他們兩人所精讀的書總共也不過三十種。

曾國藩最喜愛的書除《四書》（《中庸》、《論語》、《大學》、《孟子》）、《五經》（《春秋》、《詩》、《書》、《禮》、《易》）之外，就算

《史記》、《漢書》、《莊子》和韓愈的文章，共四種。他還喜愛《資治通鑑》、《昭明文選》以及姚惜所選編的《古文辭類纂》，加上他自己選編的《十八家詩抄》。這些書全部加起來不過十幾種而已。

曾國藩早年篤志爲學，一直想將這十餘種書貫穿精通，而且仿照顧炎武、王念孫的方法，全部作了札記。後來他年邁體衰，時事日艱，平生的理想無法實現，他說，夜裏想起來，常常愧悔不已。他把希望寄托在兒子身上；紀澤如果能成就我的志向，將《四書》、《五經》以及我所喜愛的八種書一一熟讀，深入思考，略作札記，記下自己的所得與所疑，那麼我就歡欣快慰，睡得香甜，別無所求了。

然而，即使依照曾國藩的方法將他所列的書籍一一精熟，也還是成不了一個現代人。時間畢竟已經過去了一百多年，世界發生了曾國藩遠遠想像不到的變化，時代對我們提出了新的要求。一個人若想在學業上有所造詣，就不能不在這三點上痛下功夫：理論要深、外語要精、專業要新。讀書就該圍繞這三點去展開。

在理論上，你首先得對古今中外的大理論家們的思想有個基本了解，然後，選擇二三家理論重點突破。選擇那些你最感興趣、最啓發你、最有時代氣息的理論，這是最基礎的工作，你今後是否有所作爲以及在多大程度上有所作爲，就看你的這個工作是否做得紮實。在外語上，應該可以聽、可以讀、可以說、可以寫，至少應達到無障礙地交流與交際的目的。在專業上，首先得對自己的專業有一個整體了解，然後應重點關注專業的新成果、新發展、新趨向，對邊緣學科、交叉學科給以格外重視。因爲人類文明與文化的最大價值在於創造，而在這些方面，創造活動顯得最活躍。掌握了這幾點，你就找到了選擇讀書的尺度了。

學習如掘井

吳子序的爲人，曾國藩深爲感佩，與他相識多年，還是不能確定其等級，然而他的見識博大而且精深，他曾教導曾國藩說：「用功學習就像掘井，與其挖很多井卻找不到泉水，那裏比得上堅持挖一口井，努力挖掘，一直到獲取用之不竭的泉水呢？」曾國藩說：這話正好說中了我的毛病，我所是所謂挖了很多井卻沒有挖到泉水的那種人。

從西漢至今，讀書人作學問約有三條途徑：一是義理之學，一是考據之學，一是詞章之學。各執一端，相互詆毀。曾國藩以爲，義理之學，學問最大。若想研究義理，就要閱經讀史；如果學經就應當專守一經，學史就應該專熟一代。讀經應以尋求義理爲本，以考據名物爲末。所謂專攻一經，就是不能全面出擊，貪多嚼不爛。這裏有一要訣，就是「耐」：一句沒有讀懂，就決不看下一句；今天沒有讀懂，明天繼續讀；今年沒有精通，明年繼續讀。這就是耐心。

讀史的方法，沒有比設身處地更妙的了。每看一段，就像自己與當時的人生活在一起，談笑風生，休戚與共。不一定要將史書中的每一個人記住，只要記住其中一個人，就彷彿直接與他打交道一樣；也不一定要將史書中的每一件事記住，只要記住其中一件事，就彷彿親歷其事一樣。讀經是爲了弄淸義理，讀史是爲了考據事實。曾國藩以爲，除了這兩樣，就沒有別的學問了。

在經書和史書之外，諸子百家的著作也十分豐富。如果想學習，就應該只讀一個人的專集，不能東翻西閱，走馬觀花，蜻蜓點水。比如讀韓愈的文集，則目之所見，耳之所聞，無不與韓愈有關；似乎天地之間，除韓愈的文集外，就不再有別的書了。這一集沒有讀完，就決不改讀另一集，這也是讀書要「專」的要訣。

學詩也是如此，只讀一家的專集，不能讀選本，因爲選本埋沒了詩作的靈性。這是至關重要的。五言古詩和七言古詩，曾國藩學的是杜甫和韓愈，他們的作品每一個字都要仔細地讀，絕不輕易放過。此外學習古詩還可以讀蘇軾和黃庭堅，學習律詩可以讀李商隱，這三家的作品也是每個字都必須看的。曾國藩學習詩作，功夫就在這五家之內。

總之，讀經史也好，學詩文也罷，都應專注於一。專注於一，就有了自己的看家本領，就會有眞知灼見，就會舉一反三，觸類旁通，就會有對某一事物的精深的理解與感悟，就會在某一領域達到一個較高境界。有的人博學多才，無所不知；但所學不精，所知不深，沒有一件事物他有獨到的發現與創見。這種人除了炫耀博學，實際上百無一用。古語說：「藝多不養身」，說的就是不專。挖了很多井卻無水可喝，難道不是因爲不專一的原因嗎？

虛心向學

在你身邊總可以碰到一二個或自以爲是，或恃才傲物，或自我吹嘘的人；這種人往往有一技之長，或者一孔之見，或者一時之利，於是他就誇大了自己的這一優勢，或者以己所長來攻擊他人所短，以顯示自己的優勢。但不管是那一種人，他或多或少是患有某種心理疾病的人。

驕傲自大的人，雖然有一技之長，但他一定有自己不可言喻的一己之短：或著備受壓抑，或者始終得不到應有的承認與尊重。然而他愈是驕傲，就愈是得不到他人的承認；他愈是得不到承認，就愈是驕傲。他就這樣陷入了一種可悲的惡性循環中。他從別人那裏得不到承認，只好自己承認自己，因此就格外看重自己的長處，特別看重他人的短處。揭露或宣揚他人的短處成了滿足他的心理需要的重要內容。

一個人陷入這樣的境地，就難以自拔了。他既不能正確地看待別人，也不能正確地看待自己，這樣他也就不能戒除自己的短處，也不能吸收別人的長處。有了這種心性，心浮氣躁就在所難免，於是在說話行事上就有失公允，名實不副，或者自相矛盾。這種人的短處人們無須分辨就能覺察，但沒有一個人會告訴他。

在求學治學中，沒有比驕傲自大更危險的了。在曾國藩身邊，在他的朋友中就有不少這種人，他們有些才能，但恃才傲物，動不動就說別人不如自己。看了鄉試考題就罵鄉試考題不通，看了會試考題就罵會試考題不通。罵房官，罵主考，沒有入學的人就罵學院。平心而論，他們的詩文，實際上也沒有過人之處；不僅沒有過人之處，反而有不少不堪對人的地方；只是他們不肯反省自己罷了。他們就是通過罵別人，貶損別人來顯示、抬高自己。由於傲氣太盛，學業始終得不到長進，終其一生，潦倒一世，功名寸無。

在有識之士看來，那些目中無人的人，那些趾高氣揚的人，他們引以自豪的東西，其實並沒有什麼了不起，只不過給世人多提供了一點笑料而已。所以在我們用心學習時，必須力除傲氣，力戒自滿，不要被人所恥笑，才能有所進步。

貴在理解

人的天賦有高有低，有的人生來就記憶力過人，過目不忘，蘇東坡就是這種人，他看書不過兩遍的；有的人記憶力較差，需反覆記憶才能記住一二。像蘇東坡這種人太少了，大多數是記憶力一般的人。不過也有記憶力並不好的人，他們卻記住了很多東西，這主要是因爲他們比一般人更勤奮、更刻苦、更樂於反覆記憶。但無論是記性好的人，還是記憶差的人，都要對所學的東西加以理解。

宋代晁說之云：「爲學之道，必本於思。思則得知，不思則不得也。」大意是說，治學的方法，最重要的是理解，理解了就有收穫，沒有理解就不會長進。記性好的人如果不理解，那他只不過是部機器；記憶不好的人如果不理解，那他就什麼也不是。

所謂理解，就是對所學的知識有自己的見解和領悟，記住的是他人的東西，理解了就變成了自己的東西。如果記住的東西沒有理解，沒有消化，那知識是知識，你還是你，你和知識之間沒有聯繫。這與一個記憶不好的人一樣，知識是知識，他仍然是他。宋人楊萬里就說：「學而不化，非學也。」意思是說，學習知識不消化吸收，就不是學習。

曾國藩的兒子紀澤記性就不好，他說，如果讓他句句讀熟，或者要求他不准對所學的東西感到生疏，那就會越讀越蠢，最終也不能讀完經書。所以曾國藩請人教紀澤讀書，每天點五、六百字教一遍，解釋一遍，再讓他自己讀十遍就行了，不一定他都能背下來，也不必要求他經常溫習。如果鑽讀、鑽記、鑽溫習，即使背誦下來，也絕不可能長久，不過是浪費光陰而已。應該讓他在理解的基礎上加深印象，求得熟記。

俗話說，好記性不如爛筆頭。這就是說，不僅要用腦，而且要用手，手腦並用，這樣所學的東西才會印象深刻。我們常常看到圍棋高手下完棋後可以復盤，就佩服他們記憶超人，其實他們之所以記憶超人，就在於他們對這盤棋有更深刻的理解。一尖一飛他都花費了巨大的心血和代價，當然記得住，即使過去好多年，他也清晰如昨。這就告訴我們，讀書一定要理解：如果一個字記不住，也不必苦求強記，只要從從容容地深入體會就行了。今天看幾篇，明天看幾篇，時間長了，自然會有益處。只是要在讀過的書上，作出記號，或在旁邊略批幾個字；不然的話，時間一長，就會忘記自己是否已經讀過了。

曾國藩說，讀書貴在理解，不求強記，這也是養身之道。那些死記硬背的人，都有很強的好名思想橫桓在心頭，越想記住結果越記不住；如果完全沒有想出名的心理，記住也可以，記不住也可以，這樣心裏就會感到十分輕鬆，非常寧靜，沒有絲毫牽掛；也許反而能記住書中的不少東西，未可料也。

我們只知道東坡讀書不用兩遍，然而鄭板橋卻說，蘇東坡「在翰林讀阿房宮賦至四鼓，老吏苦之，坡洒然不倦。豈以一過即記，遂了其事乎？」可見，即使天才讀書也必須刻苦、鑽研、領會才能有所成就。

心得語不可道破

一個人書讀多了，自然會有許多心得體會，這表明你在一天天進步，可喜可賀；但有了心得體會不要急於流露，輕易表白；不妨讓它沉積下來，慢慢涵養，久而久之，便會有大收獲，語驚四座。不然的話，一經說破，胸中就會空空蕩蕩，再無回味，這也就是對修養的放棄。

心得體會爲什麼不能輕易道破呢？

首先是因爲這心得才剛剛形成，既不成熟，也不完備，只是一縷游絲或一片羽毛，遠遠不是眞知灼見。小荷才露尖尖角呢！一株幼芽，還沒有到破土的時候，就硬是把它拔出來，讓它經風雨，見世面，如果它不死那可眞是一件怪事。

魯迅先生講，我不開口，覺得充實；我一開口，同時便覺得空虛。說的就是這個意思。我們也往往有這樣的經驗，一種感想，一種印象，如果讓它儲蓄在心中，我們就常常想到它，感到溫潤和熨貼；一旦說出，便很少再想到它，興味索然。那麼這種感想與印象就再也難以得到滋長。

再說，輕易向人談自己心得的人，一般是心氣比較浮躁的人，往往喜歡逞強顯能。爲了顯示，他就將自己的心得和盤托出，結果由於思慮不周，或者積累不厚，就難免自相矛盾，或失之粗糙，或失之淺薄。到頭來，他不僅沒有給人好印象，反而給人許多不好的印象，眞是顧此失彼。

所以一個有涵養的人，一個穩重的人，他總是把自己藏得很深，如霧似雲，行為輕鬆，舉止自如，絕不為一時之風光，一計之短長，一己之得失而耿耿於懷，充滿喧囂和騷動。若有所得，就會把它珍藏在心中，自己與它對話，在內心深處對它進行駁難、懷疑和審查，直到它瓜熟蒂落，光鮮照人。

然而說說容易，做起來難，一個修養不深的人，往往在關鍵時候控制不住自己，總想顯示自己的才幹、地位和身份，不免空發議論，滔滔不絕，結果言多必失，他顯露的恰好不是他的長處，而是他的短處，這樣的例子難道還少嗎？

方法

西方有一個哲人說過一句話：「最有價值的知識是關於方法的知識。」方法的學習是最重要的學習。書讀多了，讀精了，讀通了，也就掌握了讀書的方法。學習有捷徑，有門道，理解了這捷徑和門道，學習便會有長足的進步。

有本之學

萬丈高樓平地起。每一種學問，都有基礎；學問再大，也應有基礎。這種關於基礎的學問就是有本之學。

在古代，有義理的學問，有詞章的學問，有經濟的學問，有考據的學問。所謂義理的學問，也就是《宋史》中說的道學，在孔門中稱之爲德行的科目。詞章的學問，在孔門中稱爲言語的科目。經濟的學問，在孔門中稱爲政事的科目。考據的學問，也就是在曾國藩那個時代所說的漢學，在孔門中稱之爲文學的科目。

這四個科目構成了中國古代學問的整體框架，相互依存，缺一不可。

曾國藩說自己天資愚魯拙鈍，對於這四種學科只有一些粗淺的涉獵，遠遠不能深入其中，領略它的幽奧之妙。他只不過選擇其中尤爲重要的典籍，天天學習，日日揣摩，時間長了，才漸漸有些開竅。

關於義理的學問，曾國藩主要研讀二種書：四子書和《近思錄》；詞章的學問，他研習二種書：《曾子讀古文鈔》與《曾氏讀詩鈔》，這兩本書雖還沒有編輯成冊，但他已成竹在胸。經濟的學問，曾國藩攻讀的書也是兩種：《淸會典》和《皇朝經世文編》。至於考據的學問，曾國藩主要以四種書爲主：《易經》、《詩經》、《史記》、《漢書》。這十種書，都必須爛熟於心。大凡研讀這四門學科的書，都必須以上述十種書爲依托，如室之有基，木之有本，離開了基本，皮之不存，毛將焉附？

曾國藩的「有本之學」是根據他那個時代和社會要求提出來的，顯然它已不符合現代社會的發展與要求；在今天，即使把他所說的「有本之學」爛熟於心，也仍然無濟於事；但曾國藩強調讀書應以「有本之學」爲基礎的方法卻是符合一切時代的。這就告訴我們，讀書應有所本源，紮根在基礎上。

從曾國藩所開的書目中可以看出，他的讀書範圍是相當廣泛的，既有元典，也有疏注，即有文萃，也有詩萃，即有史學，也有經濟，所以他才得以成爲一個通才。而我們現代人，隨著專業的分工越來越精細，一個人所讀的書越來越狹隘，即使是稍微相近的專業，也是一竅不通，一問三不知。

當然這並不是說，每個人都要博學多才，而是說一個現代人應開闊視野，拓寬自己的知識結構，不要被一個人，一本書，一種理論所鉗制，而應在多種理論的比較中去活躍思維，在多種學科的啓發下去刺激心智。

讀書之法

曾國藩十分善於學習，一是向古代典籍學習，一是向今世前輩友朋請教。

有一天，曾國藩專程到唐鏡海先生的住處，向他請教讀書求知的方法。當時，曾國藩剛好買了一部《朱子全書》，他就這部書向先生請教，如何去讀它。先生告訴他：「這部書最好是反覆閱讀，也就是把它作爲必修的課程，身體力行，不宜視爲隨便瀏覽的書。」

先生說：「研治經書，應專於一經，假如一經能精通，那麼其他的經書就可觸類旁通了。」先生自己就說，他平生最喜歡研讀《易經》。

先生還說，「做學問只有三條途徑：一是義理，一是考核，一是文章。關於考核之事，大多數人只求粗略了解，而不能精深鑽研，這就像用竹管觀測天空，用瓢來測量海水，眼光當然狹窄，見識自然短淺。所以做文章首先要精通義理，如果不精通義理，就不能達到極高的境界。即使做經濟的學問，也在義理之中。」

於是曾國藩問道：「經濟的學問應該如何溯本求源，努力去獲得呢？」

先生回答說：「經世濟邦，不外乎看史書。古人留下了豐富的經驗，法式和戒律都十分明白。歷代的法令制度，不外乎這些。」

在談到如何學習時，先生強調要勤作札記。他說，「近時期，河南的倭艮峰前輩在這一方面下的功夫最爲篤實，每天從早到晚，一言一行，不管是坐以思，還是動以作，都有札記。有時心裏有私欲沒有克服，外表又沒有來得及檢束，全部都記下來。」

在談到寫作時，先生還是說應從義理上下功夫，「詩、文、詞、曲」的寫作，都不一定非下功夫不可，如果眞正能在義理上深入鑽研，那其他方面的雕蟲小技，就沒有什麼難做的了。」這不就是「世事洞明皆學問，人情練達即文章」嗎？

先生最後說：「爲學的第一要義就是戒除自欺，萬萬不可掩蓋自己的笨拙。」回到家裡，曾國藩在日記中寫道：「聽了先生的這些話，眞使人霍然發蒙，明白了許多道理。」

這次拜訪是道光二十一年七月的事，對曾國藩生活與學習都發生了深刻影響，從《曾國藩全集》中，我們可以多次看到這次拜訪所產生的回響，他的的確確是按照唐鏡海先生所指點的那樣去做的。

爲學四法

曾國藩從他一輩子讀書經驗中，總結了四點讀書心得，他稱之爲「爲學四法」，以教導他的兒孫，這四點心得是：

一、看書應當求迅速，書讀得一快，也就意味著書讀得就多。杜甫就說：「讀書破萬卷，下筆如有神。」曾國藩以爲，讀書不多，就會孤陋寡聞。所以對一個初學者，首先不要他讀得精，而要他讀得快，讀得多，讀得博。

二、溫習舊書應當追求熟悉。人類的大部分知識是在復習中增長起來的，極少有人看一遍就記住了書中的內容，因爲需要反覆地閱讀，一遍不行二遍，二遍不行三遍，直到我們能將書中的重點掌握爲止。孔子就講，「學而時習之」，蘇東坡也說過，「舊書不厭百回讀，熟讀深思子自知」。這都是說的讀書要達到熟練就得復習，而達到熟練的一個最好的方法就是背誦，背誦過的東西才最不易忘記，即使忘記了也還會有很深的印象。

三、練字要持之以恆。荀子說，「學不可以已。」說的是學習不可中途停止，練習書法也是這樣，不能中道而止。每天練字不一定多，一百個字就可以了。這樣每天都不中斷，時間久了自然會有長足的進步。孟子就說，「掘井九仞而不及泉，猶爲棄井也。」意思是說，學習不可半途而廢。字是一個人的門面，字寫不好，就像一個人衣服沒穿好一樣，因此應該花大力氣。

四、作文應當苦思冥想。曾國藩認爲，一個不善作文的人，就像啞巴不能說話一樣，這是讀書人的一大忌諱。要作好文章，就應該深思。古人講，「吟成一個字，捻斷數根鬚」，說的就是寫作要反覆推敲，深入思考。只有深入思考，才會有特別感受，獨到發現，才會言人之所未言，見人之所未見。

以上所說的「爲學四法」，是曾國藩對自己一生閱歷的總結，蘊含著深刻的理解和痛切的悔悟。這些話是曾國藩對家中晚輩說的，字字甘苦寸心，句句披肝瀝膽。

讀書、寫作與爲人

讀書、寫作與爲人可以說是齊頭並進的。讀了什麼書，就會成爲什麼人；是個什麼樣的人，便會寫出什麼樣的書。讀書，是爲了做人，而寫作就是表現這個人。讀書，是看別人如何做人，寫作，則是自己如何做人，因而寫作比讀書更重要。孔子講述而不作，但他還是有「作」，只不過是他的弟子幫助他完成的，不然我們就讀不到《論語》，也就不能深刻理解孔子。讀書需要學習，寫作更需要學習。

爲學與爲人並進

當曾國藩聽說他的一個侄兒紀瑞在全縣科學考試中名列榜首，欣喜不已。他說：

「我並不希望我家世世都得到富貴，但希望代代都有秀才。所謂秀才，就是讀書的種子，世家的招牌，禮義的旗幟。」

由此可見，曾國藩看重的是學問，是禮義，是名譽。他是按照那個時代標準和理想來塑造自己，培養後代的。這些觀念即使在今天也無可厚非，或許你會說曾國藩有那麼一點功名之心，但人生活在這個世界上，誰沒有一點功名之心，誰不想出人頭地，光宗耀祖，一鳴驚人呢？

但可取的還不是這些。當曾國藩聽說紀瑞的科舉成績後，就寫信給弟弟，讓他諄諄告誡紀瑞，從此更加奮勉勤苦，做到為人與為學並進，千萬要戒掉驕傲和奢侈。

人取得了一點成績往往容易驕傲，富貴了也往往容易奢侈，對青年人來說，更是如此。曾國藩是一個見多識廣的人，在他高興之餘，也不忘記給紀瑞澆澆涼水，讓他更清醒、更冷靜，提醒他「路漫漫其修遠兮」。但這種眼光一般的父輩也都具備，他似乎也沒有什麼過人之處。

曾國藩強於一般人的地方在於，他提出了為人與為學齊頭並進的主張。對於這一點，當今的中國人或許並不感到陌生，因為我們曾經有過講「又紅又專」的歷史，如果撇開「紅」與「專」的「左」傾色彩，這種教育方式是完全一致的。這一主張反映出了曾國藩對人的基本觀念，那就是既要重人品，又要講才學。

在一般父母那裏德才兼備往往有所偏廢，更關心、更看重的是孩子的學習，而對孩子的品行修養不說忽視，至少是看得不如學習重要，以爲只要不犯錯誤就行了，或者以爲等孩子長大了也就自然知道了。所以當孩子的成績下降了就心急如焚，當他拿了別人家的東西或聽之任之，或不以爲然。這種觀念的錯誤在於，它把品行與才學分離開了，所謂「一白遮千醜」，只要學習好，品行方面馬馬虎虎就可以了。結果，學習是上去了，可是在品德方面積重難返，既害了自己，又害了孩子。

一位作家曾說過：「藝術家是和他的藝術一同生長的。」

文章雄奇之道

一篇文章寫出來後，它就與作者無關了，它有自己存在或死亡的旅程。有的文章寫出來後就死了，它只是一段文字，並不提示什麼，也不啓示什麼，它就是它，是文字堆中的浮游物。然而有的文章卻富於生命力，它能夠呼息，它不開口，但能說話，它用沉默說話；它有體溫，或冷或熱，釋放、流動、飄散；它能與你發生交流，喚醒你內心深處沉睡的東西，你被它抓住，或被它擊中，禁不住怦然心動，潸然淚下，或熱血沸騰。所以說，好文章是有生命的。

如果太陽本身沒有熱度，我們就不會感到溫暖；如果文章本身沒有生命，我們就不會感到了生命。我們感到了生命，一方面證明我們自身生命力的高揚，另一方面證明了文章的生命力的強旺。那麼，這種生命力究竟是一種什麼物質呢？

我不會無緣無故地流淚，比如我站在風口就會流淚，那是因爲風對我發生了作用。然而我面對的是一篇文章，它並沒有像風那樣在運動，它靜靜地躺在桌上，或者被我攥在手中，我卻淚如雨下，這表明文章肯定對我發生了作用，它肯定有一種力量在衝擊著我，但我就是看不見摸不著。這種物質就是氣：元氣、精氣、靈氣，一種極細微的物質，我們感覺到它存在，但就是說不出它如何存在。

當然，文章的元氣的運行方式是多種多樣的，有的豪放，有的婉約，有的雄奇。就說雄奇吧。如何使文章雄奇呢？文章並不是選用的雄奇的詞語就會雄奇的，當然它與選詞造句有關，但不就是選詞造句。曾國藩說，文章的雄奇首先在於有生氣灌注其中，造句在其次，選字又在其次。但這並不是說文章的雄奇可以脫離選字造句的雄奇，沒有字不古雅而句子能夠古雅的，也沒有句子不古雅而文氣能夠古雅的；同樣，也沒有字不雄奇而句子能夠雄奇，句子不雄奇而文氣能雄奇的。這就是說，文章的雄奇，最精要的地方在行氣，次要的地方在遣詞造句。

曾國藩最喜歡古人的那些雄奇的文章了，他覺得韓愈第一，楊雄次之，他們兩位的行氣，都是天性使然。至於說到後天的個人努力，如果說韓愈造句的功夫比較深，那麼楊雄的造字功夫就比較深。可見，曾國藩讀書不僅能從大處著手，也能在細微處見功力。

所以，要使文章雄奇，不僅要在選詞造句上下功夫，更應把自己的生命氣息灌入其中，這才是雄奇之道。

作詩作文應飽含眞情

優秀的詩文，不是你什麼時候想作就能作出來的。古人李覯說，「文貴天成，不可高強。」作詩作文確有那麼一點玄奧，想作的時候，搜腸刮肚，也無濟於事；不想作的時候，悠地靈光一閃，筆下泉湧，世界上很多優秀的作家都有這種體驗。

那麼什麼時候適合作文呢？曾國藩會告訴你，大凡作文賦詩，應在眞摯的感情達到了極點，不吐不快的時候。如果你有了這種不吐不快的壓積了，那就表示你已到了可以作文賦詩的時候了。

世界上很多東西都可以作假，唯獨在作文時動之以情不可作假，你一故作多情，或者硬著頭皮煽情，那破綻馬上就會顯露出來，甚至根本就無法完成下去。因爲你在寫作時面對的不是別人，而是自己，一個人或許可以欺騙別人，但他無法欺騙自己。若想達到這種不吐不快的境地，一定要在平日注意情感與材料的積累，這樣他在寫作時，才會不假思索，左右逢源；而他所講的道理，才會足以表達他心中的至眞至正之情。一個人若在作文時沒有雕章琢句的痛苦，在文章寫成後也沒有鬱塞不吐的煩惱。

假若平常醞釀有欠深厚，即使他有眞摯的感情想要抒發，但由於理念不足以與之相適應，這樣就不得不臨時搜尋理念和思想，而思想和理念又不是一時半刻就可以搜取得到的；於是就不得不追求字句的完美，以至於雕飾，試圖用言辭的花巧來取悅讀者，虛僞做作，一天比一天拙笨，所謂「修詞立誠」的精神也就蕩然無存了。

曾國藩會這樣勸告你，在眞情實感激蕩生發的時候，一定要審視一下心中的理念和思想是否具備，以及在何種程度上具備？如果能像隨手取攜身邊的物品一樣方便，傾刻而來，脫口而出，那就可以作文賦詩了；不然的話，如果還須臨時去搜尋思想和意義，那還不如不作，勉勉強強，必然會以巧言僞情媚惑於人。

所以說，一個沒有感情的人，是寫不出好文章的。一個不動感情的人，是寫不出好文章的。一個感情積累不深厚的人，是寫不出好文章的。這並不是因爲他不具備寫作的知識和才具，而是因爲他不具備寫作的內在欲望、要求和驅動力。

如果說思想是文章的心臟，那麼眞情就是文章的血液，正是因爲如此，作文賦詩就不能不飽含眞情。

少年文學，貴氣象崢嶸

人在少年，總是那樣生機勃勃，意氣風發。走不完的路，說不完的話，做不完的夢。人生剛剛展開，很多美妙的事物就在前面，沒有顧忌，沒有束縛，順著一條路筆直走下去，你就會走到太陽裏去。不！少年本身就是太陽，正在上升的太陽，雲蒸霞蔚，光芒萬丈。

在這花一般的年齡裏，又該如何作文呢？

紀澤和紀鴻曾請教過父親，他們問，一個人具備了某一方面的專長，是否還應具備其他方面的專長呢？曾國藩回答他們：這是斷斷不可能的。比如韓愈的詩文就並無險柔之美，歐陽修的文章也缺乏陽剛之氣，他們兩位大手筆尚且不能兼而有之，更何況一般的人呢？凡是說某人兼備衆人所長，那其實就是說他沒有一個方面的長處。

在問及文字如何才能達到純熟時，曾國藩以爲這需要極力揣摩，下切實的功夫；但是青少年作文，總貴氣象崢嶸。這就是蘇東坡所說的「蓬蓬勃勃如上氣」，你肯定見過開鍋上的水蒸氣，那些水氣在烈火的熾烤下傾盡全力往外冒，那麼勇敢、那麼堅毅，勢不可擋。那份熱情，那種爆發力，那股衝勁兒不就是青春少年的象徵嗎？

在我國古代，就有很多這種蓬蓬勃勃的文章。如賈誼的《治安策》、賈山的《至言》、司馬遷的《報任安書》、韓愈的《原道》、柳宗元的《封建論》、蘇東坡的《上神宗書》；後來的如黃遵憲、呂晚村、袁枚、曹寅谷等人的文章。他們的文章就具有一種非凡的生命力和旺盛的氣勢。

少年人作文，就不應僅僅在揣摩上下功夫，要應該在氣和勢兩個方面下功夫。在古代，一般的文章偶句多一些，單句少一些，段落多一些，分股少一些，眞正作文起來，就不必拘泥於考試上的作文格式。文章可長可短，短則三五百字，長則八九百字甚至一千字。如果是論說文，即可以說文道理，也可談古論今，引史用典，都沒有什麼不可以。總之拘束要少一些，氣勢拓展的開一些，筆勢不妨用得強一些，這樣才能無拘無束自由自在。越是拘束就越感到緊張，越感到緊張文章也就越是板滯。

在陰陽五行中，氣勢屬於太陽，最爲難能，正因爲難能所以才可貴。自古以來文人們雖然都偏重於其他方面，但沒有人不在氣勢上痛下功夫的。

如何擴大作文詞藻

曾國藩在給紀澤的信中說道，你現在作文，應該首先講求詞藻的富麗堂皇。初學寫作者，由於所知不豐，所閱不深，往往詞不達意，言不由衷，對一枝小小的筆總是感到難以控制似的，其一原因就是詞彙的不豐富所導致的。所以初學者首要任務就是擴大自己的詞彙量，追求一下詞藻的富麗堂皇，即使被人譏之爲矯揉造作也無妨。其實眞正的文章都有那麼一點矯揉造作，《野草》是否矯揉造作？蘇東坡是否矯揉造作？在我看來都有那麼一點。國外有一位小說家就認爲，小說就是矯揉造作的。只要你內心不矯揉造作，不感到矯揉造作就行了。

關於如何擴大詞彙，曾國藩有切身的體會，那就是做筆記摘抄，分門別類的將那些優美的詞句盡錄其中。有的作家的手抄本比他的著作多好多倍。近世的文人，如袁簡齋、趙歐北、吳谷人等，都有手抄的詞藻小本，這是人所共知的。與曾國藩同時的阮文達先生在擔任學政時，搜出生童夾帶的東西，一定要仔細審閱，如果是生童親手抄的，又略有條理，就准予進學；如果是請人代抄的，只概錄過時的文章，就照例斥退，韓愈的記事提要和纂言鈎玄，也都是分類的手抄小冊。

如果你像紀澤那樣正在讀《昭明文選》，曾國藩會告訴你，應當分門別類地把典故和優美的詞彙抄錄下來，以彌補詞彙貧乏的缺點，作文起來，語言自然會多些文采。《文選》前幾本是漢人的賦章，極難領會，後半部分就容易多了。在曾國藩所見過的朋友中，沒有人能領會漢賦的意味的。如果你像紀澤那樣記不住，也是因爲不能領會的緣故，記不住就記不住，相信隨著領會的深入，你會逐漸記住一些的。曾國藩以前也是記不住，但領會深入了，記住的東西就多了。

做筆記摘抄的好處很多，至少有以下幾點：

一、培養學習興趣。有些東西其實你並不喜歡，但接觸多了興趣也就大了。你或許有這樣的體驗，你並不喜歡某人，但天天與他在一起，你不禁有點喜歡他了，不是他變了，而是你對他更了解了。

二、擴大詞彙量。你之所以抄錄這麼一段，是因爲你覺得它精彩，或者對你有所裨益，或者激發了你的想像與熱情，因此你對其中的詞彙就格外敏感，抄得多了，詞彙量就大了。

三、加深理解與記憶。抄書比看書印象深，因爲抄書付出的勞動多，時間長。即使時間過去很久，你也會記住某一段在抄本中的那一頁，彷彿那裏也有你的生命信息似的。興趣一來，就取出來翻翻看看，這樣反反覆覆，不知不覺就記住了。

看讀寫作，缺一不可

做一個讀書人可不容易，並不是只讀讀書就萬事大吉了，除了看，他還要讀，還要寫，還要作。看就是看書，讀就是讀書，寫就是寫字，作就是作文。曾國藩講，對讀書人來說，看、讀、寫、作，這四件事每天都缺一不可。

看書就是默誦，讀書就是朗誦。有的書適宜默誦，如《史記》、《漢書》、《近思錄》、《周易折中》等書；有的書就適宜朗誦，如《四書》、《詩經》、

《易經》、《左傳》，還有《昭明文選》，李杜韓蘇的詩作以及韓歐曾王的文章，這些作品如果不高聲朗誦，就無法體會其雄偉的氣概，不細密低吟，就不能探究其深遠的意韻。這就好比富家聚財，看書就像商人在外做生意，努力獲取利潤；讀書就像商人居家守錢財，決不隨意花費。又比如兵家爭戰，看書就像攻城掠地，開拓疆域；讀書就像森嚴壁壘，固若金湯。子夏所說的「日知所亡」就與看書相近，而「無忘所能」則與讀書相近。總之默誦也好，朗誦也罷，都是讀書的好方法，二者不可偏廢。

至於寫字，也就是練習書法。眞體、行書、篆體、隸書，不妨都試試，千萬不可中斷一天。既要求好，也要求快。曾國藩說他自己生平因爲遲鈍，吃過不少虧。爲了求得敏捷，就應加大訓練量，每天練習楷書一萬個字就差不多了。

再說寫文章。作文應在二、三十歲打好基礎；如果過了三十歲，想要長進就十分困難了。各種文體，也不妨都試試，古文、駢文、律賦、試帖詩、古體詩、今體詩，都可以學一學。少年人不要怕出醜，有一點狂人進取之趣也不妨。少壯不努力，老大徒傷悲。年輕時不試著作文，將來更不會試著作文了。此外，時文不必苦心孤詣去作，應景之文作多了會消磨人的楞角與個性，久而久之，人就成了一個文痞，那裏還談得上創造性呢？但文章還是要經常地作，《曾國藩全集》就有好幾十卷，除公文奏疏外，還有大量的日記、書信、遊記、詩賦，可見他終身筆耕不輟，才得以著作等身。他有句名言：「心常用則活，不用則滯；常用則細，不用則粗。」

學詩之法

紀澤的七言古詩，氣清而詞穩，曾國藩讀後感到十分欣慰。

大凡作詩，最應講究的就是聲調。曾國藩所選抄的五言古詩九家，七言古詩六家，其聲調都極爲鏗鏘，令人百讀不厭。而曾國藩沒有抄錄的，如左思、江淹、陳子昂、柳宗元的五言古詩，鮑照、高適、王維、陸游的七言古詩，其聲調也異常清越。

曾國藩告訴紀澤如果想作五言古詩和七言古詩，就必須熟讀五言古詩和七言古詩各數十篇。首先應高聲朗誦，以昌其氣；然後密吟低咏，以玩其味。這兩方面齊頭並進，使古人的聲調，拂拂然彷佛與自己的喉舌相吻合，那麼在下筆作詩的時候，必定會有優美的句子和韻調湧到筆下。

詩寫成以後，自己讀讀，也會覺得朗朗上口，從而引發一種濃厚的興致來。古人說「新詩改罷自長吟」，古人還說「鍛詩未就且長吟」，「長吟」二字，道出了古人作詩是何等慘淡經營，也可以見出古人作詩完全是在聲調上下功夫的。

詩大概有兩種，一種是有字句的詩，一種是無字句的詩；有字句的詩屬於人籟，無字句的詩屬於天籟。人籟就是人的優美的聲音，天籟就是自然界的聲音。理解了這個道理，而且能將人籟與天籟融爲一體，那麼在作詩方面也就差不多了。

現代詩與五言古詩和七言古詩，有很大區別，現代詩是自由體詩，而五言古詩和七言古詩是律詩。律詩一定要講平仄，講對偶，講押韻。自由體詩雖然也有徐志摩和聞一多的格律詩，但和古代律詩相比已有很大差別；郭沫若和郭小川的詩也有對偶，但已不那麼嚴格；艾青的詩最爲自由，他的詩很少押韻，但也有押韻的詩。現代詩不一定非講格律，講平仄，講對偶，講押韻不可。

不管現代詩如何變化，但這並不意味著新詩不講語言了，不講語言的詩還能算詩嗎？其實，現代詩還是很講究語言的。早年聞一多先生就強調詩的三美中就有語言美，現在的詩人不說語言美，而是說語感，也有詩論家說語調，這語感或語調雖然不完全是曾國藩所說的聲調，但至少它包含了聲調。

漢語是一種特殊的語言，除了一般語言共有的節奏、頻率、波長外，它還有其獨特的平、上、去、入、和輕聲，這每一種聲調都有其各自的特點，都有它適宜的表達思想和感情的品質。聲調運用的原則就是交錯，這一原則不僅符合人們的表達習慣，而且有利於人們表達思想感情，尤其有利於提高作品的音樂性。所以詩歌作品最宜於朗誦。

強調聲調，不是說你每寫一句詩都要在那裏研究，而是說在你平常的閱讀和訓練中就已經自然而然地接受了這一原則，這一原則完全化爲了你使用語言的自覺行爲，一切拗口、彆扭的語言大都已在你寫出一句詩前就被汰選掉了。而達到這一步，除了多讀、多看、多誦、多記，別無他法。

理想的文章

紀澤在訓詁（訓詁，即對古書文字的解釋）方面頗能領會古人的源流與發展，而且在文章方面又顯露出漢魏六朝學士的端倪，曾國藩感到欣慰不已，這正是他追求多年而未能實現的訓詁與文章的合一啊！

曾國藩曾經感到奇怪，當時的大學問家如戴震、錢大昕、段玉裁、王念孫諸位老先生，他們的訓詁功力確實超過了近古以來的很多人，甚至可以直逼唐代和漢代。但是他們的文章卻不能追尋古人的深奧之處，他們觸摸到了根本之處，但不能在外象上表現出來，可以說只知其一，不知其二。對此，曾國藩也曾大惑不解。

於是，曾國藩曾私下立志，將戴、段、錢、王的訓詁功力，發展成爲班固、張華、左思、郭璞的文章風格。由於他長期征戰在外，這個願望一直沒能實現；如果紀澤他們能成就我未竟的夙願，那麼再大的歡樂也不過如此吧?現在紀澤已掌握了這方面的要津，以後就應該一心一意，「以精確之訓詁，作古茂之文章」，所謂古茂，就是古樸而富有生機啊！

從班固、張華、左思、郭璞到揚雄、司馬遷，再到《莊子》、《離騷》直至《詩經》，無不息息相通；但下到潘岳、陸機，再到任昉、沈約，直至江淹、鮑照、徐陵、庚信，他們的言詞越來越駁雜，氣勢越來越單薄，訓詁之風也越來越衰退了。

直到韓愈出現，才經由班固、張華、揚雄、司馬遷而向上躋身於《六經》之列，他在訓詁方面也十分精當。請讀讀《南海神廟碑》和《送鄭尙書序》，就會知道韓愈的文章實在與漢賦相近；再讀讀《祭張署文》和《平淮西碑》，就會發現韓愈的文章實在與《詩經》相近。近代那些學習韓愈文章的人，都不知道他的文章與班固、揚雄、司馬遷、張華的文章是一脈相承，一氣相通。誰若是滲透了其中的奧秘，那就差不多了，他一定是個有福之人。

在古人那裏，文章乃「經國之大業，不朽之盛事」，他們有一種爲文的崇高感、責任感和使命感，他們將生命紮在淵源流長的華夏文化的根部，覽四海之波瀾，觀古今之風雲，才會有一種至樂至眞的巔峰體驗。而我們當代的文人，有幾個曾鑽研過博大精深的國學？有幾個稱得上學富五車的博士？我們在追逐潮流，也在製造潮流，最後也將爲潮流所淹沒，我們的文章連同生命成爲浮雲流水，沸沸揚揚之後，終將無影無踪。我們沒有根！

由於沒有根，我們不知道爲誰寫作。既不爲他人，也不爲自己，更不會爲歷史，而是爲名利而寫作。名利已將我們的生命變得前所未有的脆弱，爲之而生，爲之而死，我們也必將爲之付出無法後悔的代價。

齊家：家和百樂生

生，事之以禮；死，葬之以禮，祭之以禮。

——孔子

人人親其親，長其長，而天下太平。

——孟子

蓋未有治國不由齊家，家不齊而求治國，無此理也。

——羅倫

曾國藩除了正心、誠意、修身、讀書外，也格外熱衷於治家，他是湖南人，湖南人的一個特點，就是家庭觀念和家鄉觀念都很重。曾國藩就說，湘勇「鄉思極切，無長征久戰之志」。曾國藩是一個典型的家長，在家裏，立家規；在軍隊，樹營規。在家裡，是父親；在軍隊，如父親。他是有名的孝子，不僅從生活上關心父母，也從精神上減輕父母的負擔，他曾代替父母教育兄弟。他是一個有名的嚴父，既循循善誘，又嚴於督導，使他的兒子個個出息。

家風

一個家庭要有信念，有規矩，如作人一樣，需有所為，有所不為。曾氏家風從曾國藩的曾祖父竟希公就開始營創，到曾國藩手裏更臻於完善。良好的家風對曾國藩的成長起了重要的作用，這一點曾國藩曾念念不忘，正是有感於此，曾國藩對家庭傾注了畢生心血，使他的家庭成為大清的「第一世家」。

家和則百樂生

曾國藩不僅以道德文章功業著稱於世，而且他治家有方，兄弟多有建樹，子孫也人才輩出，家中一團和氣，尊老扶幼，子孝妻賢，世世代代廣為流傳。

曾國藩說：家和則福自生。如果在一個家庭中，哥哥所說的話弟弟沒有不聽從的，弟弟所求的事哥哥沒有不應承的，一家人融洽相處，和氣蒸蒸，像這樣的家庭不興旺發達，從沒有過。相反，兄弟之間相互爭鬥，婆媳之間彼此扯皮，夫妻之間兩相計較，像這樣的家庭不衰敗，也從沒有過。

現在的家庭大都是三口之家，因此家庭關係遠比曾國藩那個時代的家庭關係單純，一般說來，家庭關係越單純，彼此之間也就越好相處；但這並不意味著家庭矛盾隨之消隱。相反這種矛盾以一種更精緻、更微妙的形式存在著，只要人與人之間存在著一種關係，那麼就不可避免地存在著矛盾；況且，現代家庭關係始終保持著人類家庭關係的基本結構：婆媳關係，夫妻關係和父子關係。家庭的矛盾和衝突就基本存在於這幾種結構之中。

家庭矛盾並不可怕；產生一點家庭矛盾也很正常。即使是一個人，也有自己跟自己過不去的時候，唇齒之間，也有不睦的時刻，更何況是年年月月生活在一起的另外一個或幾個人呢？每個人都有自己的性格、興趣、觀念和獨立性，這是矛盾產生的根源；解決家庭矛盾的唯一辦法就是和，當然，或許有人會說，我可以不理，去躲或逃，然而那矛盾仍然存在著。夫妻之間之所以離婚，就是因為那矛盾已無法解決了，或者不願意解決，誰都不願意放棄自己的觀點和獨立性；即便如此，那矛盾也仍然存在著，甚至以一種更尖銳的方式存在著。

所以說，解決矛盾的唯一辦法就是和。左宗棠講，「家庭之間，以和順爲貴。」這個和，就是看你是否尊重他人的獨立性，是否理解並寬容他人的性格、興趣和觀念。這個和，不是說你應在矛盾產生時才講，而是在你平常的生活中就自然而然這樣做。

夫妻關係，在家庭關係中是最核心的關係，這種關係處理得好與不好，直接影響到家庭的其他關係，夫妻不睦，往往導致婆媳不和，父子反目。那麼該如何對待夫妻關係呢？當然你首先得愛她、關心她、體貼她，不要計較她的愛，愛情是最脆弱的，你越計較，愛情就越稀少；在家庭中，你創造的愛越多，你獲得的愛也將愈多；你越吝嗇你的愛，你獲得的愛也就越少。

其次在矛盾產生的之後，應該冷靜，儘量減少過激行爲的發生，不要動不動就喊離婚。在世界上，誰怕誰呀！當然這也可能是憤極之辭，正因爲如此，它才最刺痛人心。有人離婚，不是不愛對方，甚至她找不到他以外的更愛的人，但由於出言傷人，釀成苦果。他呢？也應反省自己，即使道理在自己一邊，也不妨給她一個台階，也許她就因爲你有這等氣量而更加愛你。

還有一個小辦法，但很靈，那就是當天的矛盾當天解決。荀子講，無宿問，說的是學習碰到疑難，當天解決，不要過夜。解決夫妻矛盾這個辦法也很好，有什麼糾紛，當天解決，不要等它過夜。有人喜歡打「冷戰」，耗它十天半月，然而問題並沒有解決，一有新矛盾，舊的問題就會風助火勢，激化矛盾。

有人生活了一輩子，也找到了一些適合他們的解決方式，但無論哪一種方式都應「和爲貴」。

願爲耕讀孝友家

曾國藩曾仔細考察過，天下的官宦之家，大都只享用一代就敗落了。這些家庭的子孫開始驕奢淫佚，繼而四處流浪，最後餓死於溝壑之中，有幸延續兩代的眞是少見。

然而，勤儉的商賈之家可以延續三、四代；謹樸的耕讀之家可以延續五、六代；考友之家則可以延續十代八代。曾國藩說他依靠祖宗的積善行德，年紀輕輕就一帆風順做了高官；曾國藩深怕由一個人享用致使家道中落，因此極力勸敎各位弟弟和子女們：願咱家成爲耕讀孝悌之家，而不願成爲官宦之家：

各位弟弟讀書不可不多，用功不可不勤，切不可時時爲科考仕宦而考慮。倘若你們不能看透這一層道理，即使得到了高科顯官，那也算不得祖父的賢孝子孫，當然也算不得我們家的有功之臣；倘若你們看透了這一層道理，那麼我將欽佩之至。澄弟總是認爲我升官得差，就說我是祖宗的肖子賢孫，殊不知，這並不是賢肖。如果這也算賢肖，那李林甫、盧懷愼之流，何曾不位極人臣，權傾一時，難道能稱他們賢肖嗎？

曾國藩說他學識淺薄，愧居高位，然而他時時刻刻在意留心，雖然身在宦海之中，卻常常準備脫身上岸。如果有朝一日罷官居家，那麼自己可以淡泊，妻子可以服勞；在家對得起父母兄弟，在外對得起宗族鄉親。這不也很美好嗎？

這是曾國藩的眞心話，他說，各位弟弟一旦發現我的行爲與誓言有不符之處，希望你們能直言不諱予以規勸，進行監督，提出批評。

曾國藩的過人之處，就在於他能在高處想到低處，在甜時想到苦時，在興盛之際想到衰敗之際，從一代人想到幾代人。由於對人世間的興衰浮沉有一種透徹地理解，所以他才有一種深刻的悲觀主義，他才那樣小心謹愼，誠惶誠恐，虛心涵泳；由此他才產生一種深刻的樂觀主義，才那樣勤學苦讀，恪盡職守，莊敬日強。正因爲有了如此胸懷和氣度，他才出可爲將，退可爲民，勝不驕躁，敗不氣餒；得不得意，失不失志。

奢難返儉

宋人司馬光說，「顧人之常情，由儉入奢易，由奢入儉難。」

明人周怡說，「由儉入奢易，由奢入儉難。飮食衣服，若思得之艱難，不敢輕易費用……常將有日思無日，莫待無時思有時，則子子孫孫常享溫飽矣。」

曾國藩也說，「凡仕宦之家，由儉入奢易，由奢入儉難。」

由儉入奢並不可怕，可怕的是由奢入儉；由儉入奢人人都可承受，但由奢入儉卻不是人人都可以承受的。一個人很少有這種幸運，從生到死不爲生計愁，一輩子發達，亨通，一帆風順；總有拮据的時候，總有艱難和困苦的時候。因此，人們就該理性地去生活，居安思危，從長計議，常將有日思無日。

曾國藩說，一般人多希望子孫後代做大官，我不願意子孫後代做大官，只想他們成爲讀書明理的正人君子。一般人之所以希望子孫後代做大官，是因爲做大官有權有勢，有顯赫的門第，有豐厚的錢財；曾國藩之所以不願做大官，是因爲他看到了榮華富貴是暫時的，閱盡了盛極而衰後的艱難、悲慘和世態炎涼。

曾國藩眞正願意做的是讀書明理的君子。何謂君子？勤勞節儉，自我修煉，吃苦耐勞，既能過舒適的生活，又能過艱難的日子，這就是君子。曾國藩爲官幾十年，不敢稍微沾染官僚習氣。在飲食起居上仍然保持貧民的寒素家風，極其節儉也可以，略爲豐富也可以，不過他始終不敢太奢華。不是他無力奢華，而是他不願奢華！他可眞是一個世間少見的君子。

曾國藩曾反覆告誡曾家後代，一定要一邊種地，一邊讀書，以保持先人的老傳統，千萬不要沾染半點官場習氣。他說；「凡世家子弟，衣食起居無一不與寒士相同，庶可以成大器；若沾染富貴氣習，則難望有成。」他曾對兒子約法三章：不許坐轎，不許使喚奴婢做取水添茶的事情；拾柴收糞之類的事情，必須一件一件去做；插秧除草之類的事情，必須一件一件去學。這樣才能避免驕奢淫佚，才算抓到了根本！

無論是大家，還是小家，無論是官家，還是農家，無論手工之家，還是商賈之家，如果勤苦儉約，就沒有不興旺的；如果驕奢倦怠，就沒有不衰敗的。

能儉能奢是一種境界，不儉不奢是一種境界，能儉不奢是一種境界，而且是一種難能可貴的境界。

謹守家法

國有國法，家有家規。無規矩，不成方圓。

曾國藩是在家法中長大的，他深受裨益，他不僅自己身體力行，而且督促子女遵照實行。

曾氏家法從曾國藩的祖父星岡公那裏就流傳下來，星岡公是一個最講家法的人，這對曾國藩產生了深遠的影響。曾氏家法共計四點，每一點都不難，難的是年年月月天天都要去做。這四點是：

第一，起早。

起早床，對養成了這種習慣的人，可以說不費吹灰之力；但對沒有養成這種習慣的人，那可比登天還難。起早床，意味著你必須理智地去生活，有規律地生活，合理地安排作息時間。對有的人而言，做一兩天還可以，甚至幾個星期也不難，但要他成年累月這樣做，那無異於要他的命。現在的家庭，由於夜生活豐富了，人們更是難以做到這一點。電視放得很晚，甚至是通宵，除非瞌睡得不行，人們總是信馬由繮地看下去。還有麻將，那實在比電視更厲害。結果必須在第二天彌補，到了晚上又是如此。既損害身體，也影響工作和學習。起早床，對現代家庭簡直是一個大問題，那要放棄很多誘惑和娛樂。

第二，打掃清潔。

恐怕這是家庭中最不起眼的家務活了，它太小了，以至都算不得一件家務活，但如果要使它成爲一種習慣，就不那麼容易了。很多家庭做清潔，實在是髒得不像樣子了，如果沒那麼髒，你還會做嗎？一個家庭的清潔與否，反映出這個家庭的精神風貌和生活態度，甚至能反映出這個家庭愛情的多少。如果你感到生活幸福，那做做清潔也是幸福的；如果你愛這個家庭，你就不會容忍它沾染灰塵。

第三，做祭祀。

不僅要做，還要誠心誠意。心不誠，就不必做，做了也白做。祭祀不是做給別人看的，完全是爲了自己。爲了祭祀而祭祀，神靈大概也不會高興的。當然，現在講信仰自由，對不信神，不信教的人家，就大可不必了。

第四，善待親鄰。

這一點，曾國藩印象很深：凡是親戚鄰里到家來，星岡公無不恭敬款待。有急事的，必定設法周濟；有爭吵的，必定幫助排解；有喜事的，必定表示祝賀；有疾病的，必定慰問；有喪事的，必定吊唁。

除了這四點外，星岡公對讀書、種菜等事情也特別留心。總之，這些家法，既有對己的，也有對人的，既有對家的，也有對神的，可以說裏裏外外，上上下下，應照周全。

不求好地，但求平安

俗話說平安即福。

古人孫奇遇對此感觸良多，他說：「無病之身不知其樂也，病生始知無病之樂矣；無事之家不知其福也，事至始知無事之福矣。」無事不就是平安嗎？

曾家曾為在洪夏的一塊地與他人發生爭執，曾國藩聞訊後即告誡家人：不求好地，但求平安。他規勸家人道：

那塊地，我不太想要，一則因為那裏的路上山嶺太多；二則因為經過兩家的爭訟，那塊地恐怕也不吉祥。地是鬼神造化所珍惜的東西，絕不輕易給人。而人力所能辦到的，只是設法避免水災、蟻害和凶煞這三件事情。所以，斷斷不可追求富貴利達。明此理，絕此念，然後才能尋找到平穩之地；不明此理，不絕此念，則連平穩之地也得不到。

還有一次，曾家想再買一塊地，改葬先人，以求得富貴福祉。曾國藩不以為然，他教導家人說：

改葬先人，一定要根除求富求貴的想法。如果免除了水蟻之害就可以告慰先靈，如果免除了凶煞之災就可以安撫後嗣。倘若存有一絲一縷求富求貴的念頭，則必定會被造物鬼神所忌恨。根據我的所見所聞，凡是已經發達的家庭，沒有再想尋得更大的田地的。

在曾國藩看，銀錢和田產最容易助長驕氣和逸氣，咱們家斷不可積錢，斷不可買地。如果各位兄弟努力讀書，決不怕沒有飯吃。

現在的經濟社會，有曾國藩這種想法的人恐怕已經不多了，有這種想法的人恐怕是錢多得不得了的人。現在不是流行這樣一句話嗎：「有不能有病，沒不能沒錢。」的確，沒錢很多事都辦不成，但這並不是說，錢多了一切問題都解決了，很多事情就是金錢解決不了的。所以，有錢人你可別得意，沒錢的人你可別煩惱；沒錢人應知足，有錢人更應知足。宋人林逋有句話說得好：「知足者，貧賤亦樂；不知足者，富貴亦憂。」

官宦之家衰敗的根源

曾國藩認爲，傲氣太盛，說話太多，這兩條是歷代大夫和近世官場導致災禍的原因。

官宦之家，一有權，二有勢，有權有勢就少有顧忌，多有優越感。人一旦有了優越感，那災禍也就爲期不遠了。有了優越感往往不太在意他人，不尊重他人，言談舉止總有不可一世的感覺。時時處處都會自覺不自覺地顯示高人一等、更勝一籌的作派。有時他並不想顯示，可是在關鍵場合他還是不自覺地顯示了。久而久之，也就霸氣逼人、盛氣凌人、傲氣欺人了。

也許別人並不在意你的優越，但就在乎你的優越的感覺；也許別人可以容忍你的一次傲氣，但不能永遠容忍你的傲氣；也許某一個人可以長久容忍你的傲慢，但不是所有的人都可以長久容忍你的傲慢。哪裏有壓迫，哪裏就有反抗；哪裏有傲慢，哪裏就有反傲慢。這樣，你的每一次傲慢無異於給自己設置了一個陷阱，到後來你就處於你自己佈下的天羅地網中。也許在你傲慢的地方你得意了，但在另外一件事情當中，你可能永遠處於困窘之中；也許你並沒有輸給某一個人，但所有的人自覺不自覺的聯合起來，會使你輸得一敗塗地。

也還是因爲你有優越感，你總喜歡對他人頤指氣使，指手劃腳，評頭論足。常言道，言多必失。也許你並非有意，也許你並無惡意，也許眞理眞的在你這一邊，但別人還是受不了，還有比這更不明智的嗎？話多的人，心中必有躁氣，《周易》中就說過：「吉人之辭寡，躁人之辭多。」所以蘇東坡說，「愼言語，節飲食。」《菜根譚》中說得更是戰戰兢兢，「口乃心之門，守口不密，泄盡眞機。」人的腦袋上長了一張口，但長了兩隻眼和兩隻耳，那意思是要人們多看多聽少說話呀！

其實，傲氣太盛，說話太多，這兩點並不僅是官宦之家的毛病，在一般家庭中也還是存在的，只不過比官宦之家少一些罷了，但它的危害卻是完全一致的。所以，我們應接受曾國藩的勸戒，愼之，又愼之。

當然，如果只是克服了這兩個毛病，卻不能勤奮努力，自強自立，那麼仍然無法興家立業。所以還必須振奮精神，全力以赴，持之以恆，這樣才能保障家業興盛，福壽雙全。

家運亨通之策

曾國藩認爲，家運興衰，一半在天，一半在人。在天，則無法挽回；在人，當盡心竭力。

福禍由天作主，善惡由人作主。由天作主的，我們無可奈何，只得聽之任之；由人作主的，我們能盡一份力就盡一份力，能得一份就算一份，能支撐一天就算一天。若想保持家運興盛，就不能不分清哪是天意，哪是人爲。

曾國藩認爲保持家運亨通的方法，人力可以作主的有如下幾個方面：

第一，兄弟和睦。

一家人要齊心合力，心往一處想，勁往一處使，最怕的就是彼此爭鬥，相互拆台。但這不是說爲了一團和氣，不能批評他人的缺點和錯誤。曾國藩說，如果我有了過失，澄弟、沅弟和洪弟你們都可以直言相勸，我一定全力改正；如果三位弟弟有了過錯，也應該彼此規勸，努力改正。

第二，貴體孝道。

一定要孝敬老人，包括叔父叔母，用曾國藩的話來說，「推祖父母之愛以愛叔父，推父母之愛以愛溫弟之妻妾兒女」，這就是孟子所說的「老吾老，以及人之老；幼吾幼，以及人之幼。」在諸子百家中，曾國藩最仰慕的就是孟子，他當然也具有「仁者愛人」之心。

第三，實行勤儉。

家中的男孩子必須走路，不可坐轎騎馬；女孩子不要太懶惰，應當早日學習燒茶煮菜。家裏有書，有蔬，有魚，有豬，可以顯示一個家庭的生氣；少睡覺，多做事，可以顯示一個人的生氣。勤快，就是生動之氣；節儉，就是收斂之氣。一個家庭能做到既勤且儉，那就絕不可能不興旺發達。

現在，許多人的家庭觀念已大爲淡泊，似乎沒有那麼多講究了；但無論多麼不講究，上述幾點還是保持家庭興旺的必不可少的條件。

孝敬

《詩》曰：「永言孝思，孝思維則。」孝，是下輩人對長輩人的尊重，不僅是尊重，還是心裏有他，想其所想，急其所急。父母有疾，琴瑟不御（彈奏），父母亡故，念念不忘，這叫「奉先思孝」。當年曾國藩在京城，頻頻給父母寫信，告知自己的學業，任職與身體情況，這叫「出必告」。盡孝心，守孝道，是中國人的傳統美德。咸豐二年，曾國藩奉命為江西正考官，行次安徽太湖，「聞母喪，急急回鄉」，連公職也不幹了，可見曾國藩的孝心。他曾有「古今第一孝子」的美譽。

禮尚往來

中華民族是禮儀之邦，崇尚禮儀，既是我們的財富，也是我們的負擔。講究禮儀，是中國人聯繫家庭關係和社會關係的重要形式，這種形式使我們產生四海之內皆兄弟的感覺。

然而，一旦禮儀成爲一種不成文的制度，我們就會感到生命的沉重。比如送禮，在廣大的農村就成爲農民不堪重負的擔子，不送不行，送輕了也不行。不說別人受不了，就是自己也受不了，總有一種不好意思的感覺，總覺得對不起別人，其實在自己已經仁至義盡了，可還是不能原諒自己。

儘管如此，我們不能不講仁義。不仁不義並不會使我們感到輕鬆，反而使我們更深刻地譴責自己，使自己陷入廣大的孤立之中，我們將因此感到生命的嚴酷。然而講究禮儀，還不是因爲有這些利害關係，而在於它是一種根，已經成爲我們生命的自然形式。

《禮記》有云：「禮尚往來。往而不來，非禮也；來而不往，非禮也。」這已不是一種語言，而是世世代代流淌在我們身體中的血液，並且它仍將世世代代流淌下去。它不僅蘊含著對他人的尊重，也蘊含著對自己的尊重。

曾國藩在評價他祖父時說，星岡公對祖宗、對後代、對宗族、對鄉里的最大貢獻，就在於講求禮儀，講求慶吊。星岡公常常說：「人待人友善，便是無價之寶。」在與親族鄰里交往時，有喜賀喜，有喪吊喪，有病探病，有難相幫。曾國藩的父親完全繼承了他先父的傳統，曾國藩的叔父在祭祀方面也十分誠懇、恭敬。曾國藩不僅身體力行，謹守家道，還希望他的各位弟弟都能在「禮」字上下大功夫，以醫治平常的粗率之氣，從而成爲先父的孝子。如果能在宗族慶吊方面時時留心，那就可以表率一方了。

不過講究禮儀，要量力而行，不要爲了禮儀而禮儀，不要爲了面子而禮儀，也不要爲了利害關係而禮儀，這樣你才能輕鬆起來，才能坦然地面對別人與自己。講究禮儀最重要的是一個「情」字，情到意到，心中有一個他人。爲什麼有人給人送了一大堆禮品，而別人並不買帳，或者並不在意呢？這就是因爲他的「禮」中無情無義，而只剩下赤裸裸的利害與交換關係。

所以，我們不僅要禮尙往來，還應情動於衷。

孝心

作爲人子，總想令父母健康一些，安樂一些，少操心一些．這就是孝心。

《禮記》說：「凡為人之子，冬溫而夏凊，昏定晨省。」說的是兒子對父母之禮，冬天設法使父母暖和，夏天使父母清涼，晚上為父母整理床鋪，早上向父母問安。讓父母冬暖夏涼，一般人大概是容易做到的；但為父母鋪床，向父母問安，一般人恐怕難以做到了。很多人連讓父母冬暖夏涼也做不到，不是沒有能力做到，而是沒有想到，沒有想到，不就是沒有孝心嗎？

《尚書》云：「奉先思孝。」就是說事奉先祖要念念不忘盡孝，也即是說作為人子首先要想到盡孝。想父母所想，急父母所急。如果想都沒有想到，那又怎麼談得上做到呢？所以心中無論裝有多少事，多大的事，但總有一塊是留給父母的，這就是做子女的本份，如果連這點本份都沒有，那就不成其為人子了。

曾國藩長年在外地做官，不在父母身邊，但他始終心繫父母。他說，父母大人上要奉養兩位老人，下要蔭護兒孫，在外要為親族鄰里作模範。你們是千金之軀，一定要珍重。況且孩兒我忝居高位，作了侍郎，侍候我的人已有好幾個，可是父母大人還要為家務如此辛勞，孩兒實在於心不安。今後萬望二老總持大綱，而細微瑣事都交給四弟去辦。四弟本來就是個謹慎的人，必定能圓滿地完成任務。父親大人與叔父大人只要天天侍奉在祖父祖母大人面前，大家一起談天說地，樂樂呵呵，就是萬幸了。

僅僅心中有父母還不夠，你總該爲父母做些什麼。常言道，家家都有難念的經，父母都有難操的心，作爲人子，就該爲父母分憂解難。你爲父母分擔的越多，你心中想到的父母就越多；你爲父母分擔的越多，不僅你父母越快活，而且你也因此越快活。

然而現在的年輕人中，稱得上孝子的越來越少了。不是他們心中沒有父母，而是想得多做得少；不是他們心中沒有父母，而是他們心中自己比父母更重要，自己的成功，自己的事業，自己的功名比父母的疾苦更重要。有的人偶爾也講講孝心，把父母接到身邊過一段，結果父母來後，自己的家務做得越來越少了，父母比在自己的家裏更辛苦了。這難道是講孝心嗎？有的人因爲父母財產不豐厚，或者生怕自己爲父母花費過多而輕薄父母；還有的人，因爲婆媳關係處不好，讓母親孤苦伶仃在別人家裏當保姆。這兩種人，清人朱柏廬有副對聯給他們：

聽婦言，乖骨肉，豈是丈夫？

重資財，薄父母，不成人子。

曾國藩的孝體現在他對各位兄弟的教導上，他說：「余欲盡孝道，更無他事，我能教諸弟進德業一分，則我之孝有一分；能教諸弟進十分，則我之孝有十分；若全不能教弟成名，則我大不孝矣。」

對待長輩

曾國藩有傑出的一面，獰厲的一面，他也是一個人，也有普通的一面，狹隘的一面；但他有超過一般人的反省氣質，只要他有錯，認識到了錯，他就會反省自己，這是曾國藩身上寶貴的品質。

咸豐七年，爲了一點小事，曾國藩在家裏與弟弟發生了爭執。這事對曾國藩震動很大，以至過了好久，他還表示深深的悔憾。即使身在外地，遠隔千里，每當想起此事，曾國藩就鬱鬱寡歡，心裏十分難受。並且，他以此事教誡兒子紀澤，希望他能體諒自己這番苦心。

這番心意大概有這麼幾層意思，一是自己以前在這方面做得不好，希望紀澤引以為戒；二是我有對不起弟弟的地方，你做兒子的應該代替父親去彌補；三是你做下輩的在叔祖父和各位叔父面前應多盡一些敬愛之心。

如果一個人能夠常存休戚一體，利害相關的想法，而不存有彼此歧視的念頭，那麼老一輩的人必定會很器重你、喜愛你，兄弟姊妹必定會以你為學習的榜樣。這樣，大家越處關係越密切，越處相互越尊重，其情切切，其樂融融。孟子說：「人人親其親，長其長，而天下平。」

如果曾氏家族和鄉親們都說紀澤的度量比他父親的度量還要大，那麼做父親的我就會感到非常的欣喜。俗話說，望子成龍，曾國藩也不例外。他不僅教導兒子盡孝行道，而且也敢於以自己的失誤去教導兒子，更是顯得難能可貴。

《孝經》云：「人之行，莫大於孝。」又云：「孝，德之本也，教之所以由生也。」意思是說，人的德行，沒有比孝更重要的。孝是德行的根本，教化就從這裏開始。我們的祖先把孝看成是德行的根本，反映了中華民族對秩序的嚮往，家庭的安寧，社會的穩定，是百業興盛的基礎和柱石；它還反映了中華民族對建立和諧的人與人之間的關係追求。

但這並不是說，下輩對長輩永遠只能百依百順，兒子對父親只能言聽計從；當長輩犯了錯誤，而下輩還對他的錯誤畢恭畢敬，那就是錯上加錯了。曾國藩之所以向兒子抖落自己的錯誤，顯然是希望兒子引以爲鑒，切勿重蹈覆轍。《孝經》云：「當不義，則爭之；從父之令，又焉得爲孝乎？」這就是說，假如父親做了不義的事，兒子就應當規勸他，這時候還隨順父親的意思，又哪裏算得上孝子呢？

對待鄉親

俗話說：親不親，故鄉人。

中國人不獨盡孝思悌，對故地鄉風自是獨有情鍾。無論在外地如何風光、如何紅火，死後總想歸葬故里，這就叫「落葉歸根」。賀知章詩云：「少小離家老大回，鄉音難改鬢毛衰。」王維也說：「君自故鄉來，應知故鄉事。」倘若在異地發達了，總想為故鄉做點事情，比如辦一所學校，或者建一家醫院。總之，是一種濃得化不開的鄉情。

上面所說的都是遊子情思，倘若天天與鄉親們處在一起，又該如何對待呢？

曾國藩以一種不庸置疑的口吻說道：

對待宗族姻親，無論他們與我們家有矛盾，還是沒矛盾，各位弟弟只應一律以禮相待，愛之敬之，不可有彼此親疏之分。孔子說：「泛愛衆而親仁。」孟子也說：「愛人不親反其仁，禮人不答反其敬。」六弟現在還沒有當家理事，便產生了許多嫌怨，將來成家立業後，豈不每個人都成了仇人？自古以來，沒有與宗族鄉黨為仇的聖賢，你們千萬不能一味指責他人。

其實，天天與鄉親們處在一起，對他們敬之愛之，比幾十年後回到家鄉辦一所學校更難。辦一所學校只要有錢有心就可以了，但天天對鄉親們敬之愛之，那就很難了。天天與鄉親們在一起，難免產生齟齬；即使沒有產生齟齬、瓜葛，隨著相處日久，自然對一些人印象好一些，對一些人印象差一些，此時若不厚此薄彼，那就非常之難了。還有，有人對你以禮相待，你自然也對他以禮相待；但如果有人對你惡語相加，你還能對他以禮相待嗎？你還能對他們敬之愛之嗎？眞正的仁者，就是在他人惡語相加的情形之下，也能對他人以禮相待啊！

所以說，幾十年能一以貫之地做一件小事，比三五天、一二年做一件大事更難；而且，它更能顯示出一個人的德行。

鄉親，鄉親，最重要的一點就是相親，在彼此尊重、理解情況下相親，在不理解、不被尊重的情況下也相親。

接濟

曾國藩以節儉聞名於世，在他的住宅裏，除了官服、書籍和皇上的賞賜外，少有他物。他每年寄給父母的奉養也是僅限於添置必須的米食和衣物，生怕自己家過於奢華，而別人家過於貧寒有損福壽。所以在給父母奉養時不忘給宗族鄉鄰一份光澤，以便鄉親們因感激自己而對父母更加尊敬，父母有了這份尊敬實在比華服美食更為欣慰。《鹽鐵論》說：「孝在於質實，不在於飾貌。」盡孝道的眞意就在於質樸而眞實，不在於外表做得多麼漂亮。曾國藩可謂深得其法。

節儉歸節儉，遇到貧寒的姻親，曾國藩也還是不吝接濟的。比如國華和國荃的岳母家都是孤兒寡母，貧困而無依無靠。曾國藩對弟弟說：我們家不幫助他們，那麼誰還會幫助他們呢？我們家少了八兩銀子，未必會窮為債累，他們家得到八兩銀子，就會全家精神振奮，舉室回春。設身處地，就會知道，幫助他們就像救水救火啊！

宋代名相范沖淹也是一個樂善好施的人，對他的族人尤其親厚。他曾在姑蘇城郊購置良田數千畝作為義莊，以供養貧困者。他選定一個年長而賢能的族人，主管義莊出納收支。規定每人日食米一升，歲穿縑一匹。嫁娶喪葬，皆有周濟。

接濟歸接濟，曾國藩決不會傾其所有，他當然也不會像范沖淹那樣損資浩大，他有自己的原則。他的接濟總是有一定的限度的，重要的是讓他們感受到那一份關心與溫情。他說：「大抵富貴人家氣習，禮物厚而情意薄，使人多而親到少。吾兄弟若能彼此常常互相規誡，必有裨益。」

即使是兄弟之間，他也反對鋪張浪費。他以為，自己長年在外，對家庭貢獻微薄，不是因為自己沒有能力為家裏做更大的貢獻，而是不敢為家裏做更大的貢獻，這其中的苦心恐怕只有少數人才會領略。然而國潢和國荃對兄長情深意切，每次見面總要備下一份厚禮，曾國藩深感不安。因爲自己對家裏貢獻太小，所以不願意接受太豐厚的禮物；更重要的是他擔心彼此都贈送厚禮，那麼就有可能走向奢侈和浪費。

治家智慧

曾國藩不僅以情義理家，更以智慧治家，他情深義重，智明慧達，加上他學貫古今，且見多識廣，因而他的治家經驗既有深厚的歷史淵源，也有堅實的現實基礎。所以讀來就格外沉厚親切，由於他的身份和地位，因而他的智慧對名門顯族就更加適中，可謂雪中送炭，字字千金。

花未全開月未圓

在五個兄弟之間，曾國藩和曾國荃最爲相知，這不僅因爲國荃在戰場上出生入死，還因爲國荃與兄長最能交心談心。

曾國荃曾在一封信中談到了很多不順心的事情，但又沒有具體談是哪一件事情。曾國藩猜測：大概弟弟擔心與哥哥之間存有不合。曾國藩告訴他，倘若如此，那就完全可以不必擔心抑鬱。他推心置腹地說：

兄弟你對咱家有大功勞，對國家也有大功勞，我哪裏會產生不感激、不愛護的道理？我對待部屬像楊岳斌、彭玉麟、鮑春霆等人都是仁義謙讓，難道對自己的弟弟反而會刻薄嗎？

也許我們之間確有不合，但那也只是意趣不合罷了。弟弟你立志做事，頗近似於春夏發舒之氣；我立志做事，頗近似於秋冬收斂之象。弟弟你以爲擴散舒展才會生機旺盛，哥哥我認爲收斂吝嗇才會生機沉厚。我平時最喜歡古人所說的「花未全開月未圓」七個字，我認爲珍惜福祉，保全安康的道理和方法沒有比這更爲精當的了。我曾多次用這七個字來教誡霆字營的統領鮑超，不知道他和兄弟你談到這些沒有？

我們的祖父星岡公過去待人接物，不論貴賤老少，全是一團和氣，唯獨對待子孫侄兒則異常嚴肅，遇到佳令時節，更是凜然不可侵犯。這大概就是一種收斂之氣，目的在於使家中歡樂不至於姿肆放縱。這番苦心不知兄弟你是否會領會。

我在兄弟你負責經營銀錢軍械等事情上，經常提醒你要節制，也正是本著「花未全開月未圓」道理。但是說到危機緊迫之際，如救水救火，就不能再有一絲一毫的吝嗇了。兄弟你覺得不滿意的地方，大概就在這樣的緊急關頭。

我把我的內心想法向你和盤托出，就是想讓你放棄疑慮，消除鬱悶。過了這一關，那麼我兄弟之間就不會再有絲毫的梗介了。

盛時常作衰時想

曾國藩說：「盛時常作衰時想，上場當念下場時，富貴人家，不可不牢記此二語也。」

曾國藩與曾國荃同時封爵開府，門庭可謂極盛了，然而這並不是永遠可以依賴的。記得己亥年正月，星岡公對竹亭公（曾國藩之父）說：「寬一（曾國藩小名）雖然做了翰林，但是我們家仍然要靠種田爲生，不可依靠他吃飯。」這話說得最有道理。我們家應該守著這兩句話，把它作爲我們治家的命脈。希望弟弟在耕田種地上多下功夫，再輔之以「書、蔬、魚、豬、早、掃、孝、寶」八字，任憑家中多麼貴盛，都不可改變道光初年的規模。

家道的長久，不是憑借一時的官爵，而是依靠長遠的家規；不是依靠一兩個人的突然發跡，而是憑借衆人的全力支持。我如果有福，將來罷官回家，一定與弟弟竭力維持。老親舊眷，貧賤族黨，不可怠慢。「待貧者，亦與富者一般。當盛時，預作衰時之想。」如果這樣，我們家族自然會有深固的基礎。

各位弟弟比我小好多歲，你們不知道，你們看到各親戚家都很貧窮，而我們家的境況還不錯，以爲本來就是這樣，卻不知道他們當初和我們家一樣興盛。我完全看到了他們興盛時期景象，再看看他們今天的凋零破敗的局面，眞讓人大難爲情。家庭的盛衰取決於氣象，氣象盛則即使挨餓也很高興，氣象衰則即使飽食也很憂愁啊！

現在我們家正當全盛之時，賢弟不要以爲區區幾百兩銀子數目太小，不足掛齒。如果讓賢弟去過像楚善、寬五等人那樣的艱苦生活，你能忍受一天嗎？每個人的境遇的厚與薄、順與舛，都是命中注定，即使是聖人也不能自作主張。天既然可以使我們今天處於豐亨順達的境地，當然就可以使我們明天處於艱難困苦的處境。

所以說，盛時常作衰時想，上場當念下場時。如今，有這種想法的人怕是越來越少了，很多人信奉的是「及時行樂」，「今朝有酒今朝醉」思想，像曾國藩那樣活著不是太累了嗎？與其遺憾一生，不如享樂一時。在這種思想的驅動下，一個月的前五天，生活在醉生夢死之中，一個月的後二十五天，生活在窮愁潦倒之下。並不是他們比別人收入更少，而是他們比別人更不會計算啊！

幸福的生活，就是理智地去生活。計算也好，謀劃也好，設計也好，總之，要長遠地、發展地、變化地看待生活。人生的很多經驗往往需要多次的悔恨才能獲得，等到自己這隻燭火快要熄滅了，才發現生活原來如此；但逝者如斯，人生難再，你的生活只不過是他人生活的一個起點。

人滿則天概之

同治元年，曾氏家族處於鼎盛時期。曾國藩身居將相之位，曾國荃統領的人馬達二萬之衆，曾國華統領的人馬也達五千之多；曾國荃在半年之內，七次拜受君恩。儘管這還不是曾氏家族最爲輝煌的時期，面對如此恩威，曾國藩早已心滿意足，甚至有點喜出望外，他禁不住驕然慨嘆：近世似此者曾有幾家？近世似弟者曾有幾人？

他把自己的感覺和心情告知家人，又以自己的學識、閱歷和權威規勸家人：日中則昃（太陽偏西），月滿則虧。我們家現在到了滿盈的時候了？管子云：「斗斛滿則人概（削平）之，人滿則天概之。」曾國藩以為，天之平人原本無形，必然要假手於人。比如霍光氏盈滿，魏相來平滅他，宣帝也來平滅他；諸葛恪盈滿，孫峻來平滅他，吳主也來平滅他。待到他人來平滅而後才悔語，就已經晚了。我們家正處於豐盈的時期，不必等到天來平、人來平，我與諸位弟弟應當設法自己來平。自己平自己不是說自己消滅自己，而是自我限制、自我克制、自我鉗制，收斂鋒芒，韜光養晦，以勞代逸，以靜制動。自己平自己的方法有哪些呢？曾國藩以為不外乎三個字：清、慎、勤。

清。曾國藩將「清」字改為「廉」字。比如，沅弟過去在金錢的取與予方面不太斟酌，遭至朋輩的譏議與菲薄，其根源就在於此。再比如，去年冬天買犁頭嘴、粟子山兩片地，我就非常不以為然。我一再叮囑家裏，不要買地，不要造屋，就是怕引起猜疑、嫉妒和非議。今後應該不亂花一分錢，不寄錢回家，不多贈親友，這就是「廉」字功夫。

慎。曾國藩又將「慎」字改爲「謙」字。曾國藩以爲，內在的謙虛是看不見的，而其外在的表現主要有四個方面，這就是：臉色、言語、信函、僕從屬員。以後兄弟們應該在這四個方面下大力氣，痛加糾正，這就是「謙」字功夫。

勤。曾國藩再將「勤」字改爲「勞」字。一是勞心，二是勞力。每天臨睡之前，默想一下今天勞心的事情有幾件，勞力的事情有幾件，就會覺得爲國家做的事情還不多，今後應當更加竭誠爲國效勞，這就是「勞」字功夫。

不可從軍，不必做官

曾國藩出身翰林，身爲大學士，本是一個文人。如果窮經皓首，或許可以文名青史；不幸的是做了官，更不幸的是做了軍官。從軍做官，一非他所長，二非他所願。論做官，他是戰戰兢兢；談打仗，他是屢戰屢敗。無論官場還是疆場，他都是上下受制，左右爲難。

所幸的是他有幾個英勇善戰的部下，打了不少大勝仗，才使他得以封爵受賞。

曾國藩曾戲稱左宗棠一句：季子自稱高，仕不在朝，隱不在山，與人意見輒相左。左宗棠應他一聯：藩臣當衛國，進不能戰，退不能守，問你經濟有何曾？這話雖然是在曾國藩征戰生涯的早期所言，但不幸的是卻成了曾國藩領兵打仗的眞實寫照。只要是他親兵督戰，那這一仗往往要敗將下來，以至於在攻打金陵這一最重大的戰場上，他本來到了前線，由於害怕自己的出現導致戰局的失敗，所以臨陣折回。他心有餘悸。

當然這不是說，曾國藩毫無統帥的才能。他的才能表現在發現人才，培養人才，扶植人才，舉薦人才上。這是一種了不起的才能，甚至可以作爲領導的最重要的才能。然而官場人心叵測，疆場瞬息萬變，都非人力所能控制。他告誡兒子紀澤、紀鴻不可從軍，不可做官，他說：

爲父我自從投筆從戎以來，就懷著臨危受命之志。丁、戊兩年我抱病在家，經常會擔心溘然死去，從而違背了我的初衷，失信於天下。被皇上再次起用出山以後，我的意志就更加堅定。這次若遭遇不測，我也毫無牽掛。我自念庸碌無知，官至一品，壽逾五十，薄有浮名，兼秉重兵，已得到太多太多的榮譽和待遇，死又何憾！唯有詩歌，我曾經下了很深的功夫，苦苦探索，而未能介然用之，獨闢康莊。在古文方面，我用功最深，收獲最大，如果早早命歸西天，那我的獨到見解和體會就會成爲「廣陵散」。在寫字方面，我用功最淺，近年來也略有入處。這三個方面一無所成，我無不耿耿於懷。

至於行軍打仗本非我所長，兵貴奇而我太平，兵貴詐而我太直，豈能懲辦滔天之賊？此前雖然屢次得勝，但那純屬僥倖，是我所有想到的。你們長大以後，千萬不要涉足軍界，因爲軍界難於見功，易於造孽，尤其容易留下被千秋萬代所攻擊的口實。我久處其間，天天如坐針氈。唯一無愧於心，不忘所學的，就是片刻不忘愛護百姓之意。近年閱歷愈多，深諳統兵之苦。爾曹惟當一意讀書，不可從軍，亦不必做官。

這一年是咸豐十一年三月十三日。

遷善改過，修德讀書

一個人，只有遷善改過四個字是可靠的；一家人，只有修德讀書四個字是可靠的。這八個字，能進一分力，就必定會有一分福氣；少盡一分力，就必定會多一分晦氣。這其中必定有福禍吉凶相反的情況，那也一定是因爲他心中不誠的緣故，而他所說的進德修業，也不足以取信於天地鬼神。曾國藩治家如是說。

一個人，不可能一輩子什麼錯誤都不犯，總有私心的時候，思慮不周的時候，或者顧此失彼的時候。可以說，一個人總是在克服自身的某些缺點或失誤的過程中得到完善的。自然赤金，天生完人，是從來沒有的。

過錯並不可怕，可怕的是知而不改，變本加厲。孔子說：「過則勿憚改。」「過而不改，是謂過矣。」說的是有了過失，就不要怕改正；有了過失而不改正，這才是眞正的錯誤。既然錯誤不可避免，我們所能做的就是少犯錯誤。爲了少犯錯誤，孔子的學生曾子有一個辦法，就是「吾日三省吾身」。他內心中有一面鏡子，他每天在這面鏡子中檢查自己。

而要獲得這鏡子的，就必須修德讀書。在不斷的修煉中，在不斷的學習中去獲得。高度的思想和高尚的情操離不開大量而精細的閱讀。一位西方哲人曾說過：「讀書足以怡情，足以長才……讀史使人明智，讀詩使人靈秀，數學使人周密，科學使人深刻，倫理學使人莊重，邏輯修辭使人善辯，凡有所學，皆成性格。」

《大學》中有一段話說得好：「欲治其國者，先齊其家；欲齊其家者，先修其身；欲修其身者，先正其心；欲正其心者，先誠其意；欲誠其意者，先致其知。」這就把讀書與修身、齊家、治國的關係說得十分清楚明白了。所以在中國的家訓中，讀書始終是一項重要的內容。

晉代著名學者皇甫謐，二十歲仍不好學，成天游蕩無度。他經常弄些瓜果獻給繼母任氏，任氏對他說：

「《孝經》上講：『如果不進德修業，即使讓父母整天吃肉，也不能算作孝敬。』你現在已經二十歲了，有眼不讀聖賢之書，有心不學聖賢之道，又怎能使我感到寬慰呢？從前孟母三次遷居才得以成就仁德，曾參殺豬烹肉才得以保存誠實的教化，難道是我居未擇鄰，教導無方嗎？」說著，說著，就痛哭流涕起來。

皇甫謐深受感動和激勵，從此手不離書，鑽研經典，以致廢寢忘食，時人稱之為「書淫」，終有所成。

不與驕奢人家結親

曾國藩常年在外，很少親理家事，但家政過問較多，尤其是涉及兒女婚事，他都要親自裁定。那時的婚事，講究門當戶對，曾氏家族為湘鄉第一顯赫門第，所結親家不說是豪門顯族，至少也是達官貴族。

門第是很重要的，尤其是對官宦之家，這不僅僅是一個「稻糧謀」的問題，更重要的是通過聯姻使自己的政治勢力和軍事勢力更為廣泛和牢固。但曾國藩的幾個女兒的婚事並不成功，特別是女婿的玩世不恭使他大為光火。這促使他考慮兒女的婚事時不僅僅從門第上去權衡，而且更重要的是從家風和生活習慣上去考察。

湖南有一常姓顯貴家庭，幾次都想與曾國藩結為兒女親家，然而曾國藩並不樂意，這倒不是常家與曾家曾有什麼不愉快，而是因爲曾國藩聽說這位常世兄生活氣習驕奢、跋扈，不可一世。他所穿的衣服極爲華貴，他所用的僕從也氣焰囂張，更令人厭惡的是他最喜歡倚仗其父親的勢力作威作福。曾國藩擔心常家女兒有官宦人家的驕奢習氣，如果嫁娶過來，不僅會敗壞曾氏家規，還會引誘曾家子弟好逸惡勞。

開始，曾國藩還以爲常家想與弟弟家結爲親家，但後來常家三番五次要求聯姻，要他們送甲五的八字，曾國藩才知道他是想與自己結爲親家，而不是想與弟弟結爲親家，他對這門親事明確給以拒絕。

對於弟弟家的婚事，曾國藩說，我不敢作主，但是親家的爲人如何，也必須從四方街鄰那裏去察清。如果是吸鴉片的，就絕對不能結親；如果沒有這種事，你們聽聽老人的意見，自己作主就行了。

對於驕奢習氣，不唯曾國藩避之唯恐不及，北宋名相范沖淹也恨之入骨。他每餐不吃兩樣肉做的菜，妻子衣食僅能充足。擔任參知政事後，見兒孫衣著樸素，袖藏經傳，非常高興，告誡說：「我貧賤時，無以爲生，還得供養父母。夫人親自添柴做飯。當今我已爲官，享受厚祿，我常憂恨的是汝輩不知節儉，貪享富貴。」有一年，范仲淹的次子范純禮結婚時，聽說他的媳婦將飾以錦羅帷幔，范仲淹當即傳訓純禮說：

「羅綺非帷幔之物，我家一向清儉，哪能以羅綺爲幔壞吾家法。若將帷幔帶入家門，我將當衆焚之於庭。」

教弟育子

曾國藩經營家庭，可謂用心良苦；教弟育子，可謂嘔心瀝血。教他們讀書，教他們寫字，教他們做文章，教他們做人，教他們處世，教他們立功德。教弟育子，不僅要有道德，還要有學問，還要有愛心，還要有耐心，還要有恆心，能將這一切結合在一起的人，天下大概很少，而曾國藩就是其中的一個。

謹愼儉樸

一個人爲什麼要謹愼？爲什麼要儉樸？

如果一個人獨自生活在深山老林中，日出而作，日落而息，不與世俗相往來，那麼，他就無需謹愼，也無需儉樸。然而人只要活著，就必然與他人發生關係。荀子講，人「能群」，說的就是人要與他人結成某種社會關係才能生成。他享受著社會給他提供的福祉，也爲社會提供給他人享受的福祉。他的吃穿住行這些最基本的生活條件和環境是他人提供的，或者是爲他人提供的。這表明人必然地與他人生活在同一世界上。他不能遺世獨立，他被各種各樣的人包圍著。

人生活在人中，這是最基本的事實。因此，人的行爲就不能不受到他人的制約，他不能爲所欲爲。他必須瞻前顧後，左右思量。如《詩經》所說：「戰戰兢兢，如臨深淵，如履薄冰。」這就是中國人的生活之累，他總是站在未來看現在，而不像西方人那樣，站在現在看未來。西方人注重的是當下的境況，現實的享樂，生活的過程；而中國人注重的是未來的福壽，現實的危機，生活的結果。爲未來而生，爲未來而死，爲未來的幸福而犧牲眼前的享樂，這一切都是爲了壽終正寢、功德圓滿、人丁興旺、子孫吉祥，所謂功在當代，利在千秋。

爲什麼要謹慎？爲什麼要儉樸？就是因爲心中有了一個他人、自己的一言一行都是在衆目睽睽之下，稍有不愼，就會落得個天人同怨，神人共憤。他人的評價和議論比眼前的享樂更重要，窮不可怕，苦不可怕，死不可怕，可怕的是無德無才，無節無名，千夫所指，萬世同坊。贏得生前世後名，這是多少中國人爲之奮鬥，爲之景仰的人生最高理想。

謹愼也好，儉樸也罷，都具有某種表演人生的意味，本來可以不謹愼，不儉樸的，但是爲了讓人覺得謹愼，感到儉樸，於是就謹愼、儉樸起來。因爲謹愼和儉樸是千秋萬代所傳頌的美德，如果一個人德才兼備，他還謹愼，那就是好上加好；如果一個人富甲天下，他還儉樸，那就是錦上添花。謹愼對於德才兼備的人，儉樸對於富甲天下的人，不僅沒有損害，反而可以贏得生前世後名，何樂而不爲呢？

曾國藩給在家理事的弟弟國潢信中寫道：

近來與兒女們談起家中瑣事，得知兄弟你辛苦異常，凡是關係到孝悌友愛根本之事，兄弟你無不竭力經營，只是各家的規模總有過份奢華之嫌。比如像四抬轎一事，家中坐的人太多，聽說我兒紀澤也坐四抬轎，這是絕對不行的。兄弟你爲什麼不嚴加管教責備？即使是你自己也只能偶爾坐坐，經常坐也不好。如果是出門遠行，坐篾結轎就可以了，坐四抬轎就不行；四抬的呢轎不可進入縣城，更不能進省城。湖南現有總督四人，皆有子弟在家，皆與省城各部門都有往來，沒有聽說坐四抬轎的。我過去在省裏辦團練，也從未坐過四抬轎。從這事推及別的事，凡是咱家的事都應當保持謹慎儉樸的作風。

督學

世人都說神仙好，唯有功名忘不了。功名顯赫，是絕大多數中國知識分子的最高追求，只有少數人能超越其外，作一些於己無益，於世無補的形而上學的思考。這些子虛烏有的玄思，卻是知識分子心靈空間的一個重要構成，也許他無需終生致力其中，但他的思維領域應該有一個位置屬於它。

早年，曾國藩拜師於理學大師唐鑒門下，本來還有可能研究理學；但後來他投筆從戎，再也無暇顧及，他關心的是家事國事天下事，成功成名，已是他最大的心願。他如願以償，功蓋一世，名重朝野。不僅如此，他還教導弟弟心向功名，成功顯名。然而，通向功名的道路只有一條，那就是科舉高就。

曾國藩在志滿意得之下，致函各位弟弟：

我承蒙祖宗遺澤，祖父教訓，有幸得到功名。內顧無所憂，外遇無不如意，可謂萬事順遂，別無所求啦！我唯一的願望，就是各位弟弟能自強自立，齊心協力，果眞如此，何愁美名不遠揚？何愁家運不興旺？

爲此，我想給你們另立一個課程，多講一些規條，讓你們遵而行之；但又擔心你們司空見慣後心生厭煩，我想默默而不言，但又覺得這不是長兄的督責之道。往年，我給你們規定課程，近來則只教導你們「有恆」二字。我對你們的希望只有一條，那就是把每月的功課詳細告我，這樣我就十分欣慰了。

但是，你們每次寫信，從來都不把自己的學業寫明，只喜歡談論家事和京城諸事。現在，咱們家中喜事不斷，外邊又有我來料理，諸位弟弟完全可以一概不管。以後寫信，只需將每月作詩幾首，作文幾篇，看書幾卷，詳細告我，那我就歡喜無量了。

諸弟若能爲科名中人，或能爲學問中人，都一樣是父母的好兒子。千萬不要因爲遲獲科名，就以爲自己再無能爲力了。比如家鄉霞仙今天的身份，就比一般的秀才高多了。隨著學問的長進，身份越來越高，那一般的舉人、進士也不在話下。

曾國藩爲國可謂鞠躬盡瘁，爲家可謂嘔心瀝血，無論爲國，還是爲家，縈繞於心的，就是功名二字。功名既成就了曾國藩，也限制了曾國藩。他本來可以獲得更高的人生境界，但功名之心妨礙了他。

八本三致祥與八字三不信

在曾氏家族中，曾國藩最服膺的就是祖父星岡公。星岡公創制了一套家法：「八字三不信」，這對曾國藩產生了很大影響，由此他感受了家法對培養人、塑造人的重大作用。他效仿祖父的做法，結合自己一生的經驗，發明了「八本三致祥」。

八字是：考、寶、早、掃、書、蔬、魚、豬。即祭祀、善待鄰里、早起、打掃、讀書、種菜、養魚、餵豬。咸豐八年，曾國藩把後四者改爲養魚、養豬、種竹、種蔬，他認爲這四件事使人們從外面就看到一個家庭的生氣，進入庭院就看到了這個家庭的旺氣，即使多花幾個錢也是值得的。

三不信是：不信地仙，不信醫藥，不信僧巫。

八本是：讀古書以訓詁爲本，作詩文以聲調爲本，養親以得歡心爲本，養生以少惱怒爲本，立身以不妄語爲本，治家以不晏起爲本，居官以不要錢爲本，行軍以不擾民爲本。

三致祥是：孝致祥，勤致祥，恕致祥。

曾國藩以爲，無論是治世還是亂世，無論是家貧還是家富，只要能奉行星岡公的「八字」和我的「八本」，就不失爲一個上等人家。

「八字」和「八本」，都是對家族成員行爲的規範，「八字」注重的是日常生活起居，更生活化一些；「八本」則注重修身養性齊家治國方方面面，更社會化一些。「八字」是一個農家對家族興旺發達的嚮往，「八本」是一個書香門第或官宦之家對保持家族興旺發達的心聲。無疑，「八本」是對「八字」的繼承、發展和超越，不僅在表達內容上，而且在人生境界上。

「八本」誕生在有著幾千年文化傳統的農業社會，具有極高的概括力和廣泛的社會性，它表達了人民的理想和心聲，足以成爲普天之下家教經典。即使是今天，除少數條目顯得過時，或不那麼重要，很多條目仍然保有鮮活的生命力。如「養親以得歡心爲本」，「養生以不惱怒爲本」，「立身以不妄語爲本」，「居官以不要錢爲本」，對於我們安身立命，修身養性仍有一定的參考價值。

也許，而現在的絕大多數家庭已沒有什麼家訓了，甚至我們作爲一個個體也找不到支撐我們生命的東西了；然而，國不可無魂，人不可無靈，我們不可不找到支撐我們在這個世界上行走的生命價值和意義。它不一定就是「八本」，但一定要有比「八本」更有價值，更有意義，更具有現代性。這就是「八本」給我們的最大啓示。

大筆遺產對子孫弊多利少

現在的有錢人越來越多了，繼承大筆遺產的人越來越多了，如何對待這大筆遺產也就越來越是一個問題了。

一個人擁有了大筆錢財，他的處理方式不外以下三種：一是自己用度；二是贈送給親人——他關心或愛的人；三是捐贈社會公益事業。一個人死了以後，他的財產流向就主要是後兩種形式。至於他的遺產會產生什麼結果或效益，他是完全無能爲力的。他所能做的，就是在臨死前處理好這筆遺產。很多擁有大筆財產的人在臨終前煞費苦心，不爲別的，就爲遺產。

曾國藩不是一個擁有大筆遺產的人，但絕不是一位沒有遺產的人，還遠遠沒有到臨終前，他就在思考如何處理遺產的問題。

曾家先祖星岡公在世時，常常譏笑那些喜歡積攢私財的人家，他認爲積攢私財是敗家之兆。對此，曾國藩十分信服，他以爲，與其給子孫留下大筆遺產，不如教子孫走入正道。他說，如果子孫誤入卑鄙自私的歧途，將來必定計較錙銖，心胸日益狹隘，到了那時就難以挽回了。明人錢琦說：「處貴而驕，敗之端也；處富而奢，衰之始也。」說的不就是品德不正，即使身處富貴，也注定敗亡嗎？

與曾國藩同時的清代名將左宗棠在教子上和曾國藩不謀而合，他也以德性爲本，他說：「爾曹能謹慎齊家，不至困餓。若任意花銷，以豪華爲體面；恣情流蕩，以沈（同沉）溺爲歡娛，則吾多積金，爾曹但多積過，所損不已大哉！」如果你們品行不正，我積的錢越多，你們犯的錯就越大。這確有一點警世恆言的意味。曾國藩沒有左宗棠的咄咄逼人的氣勢，他說得很平和：

子孫之貧富，各有命定。命果應富，雖無私產亦必自有飯吃；命果應貧，雖有田產千萬畝，亦仍歸於無飯可吃。我闖蕩了數十年，於人世的窮通得失思之爛熟。

他相信生死有命，富貴在天，非人力所能爲之，人所能做的莊敬自強，走正大光明之路。

正是基於這種認識，他請弟弟國潢將自己在家鄉的五馬沖的田產設法出手，或捐作元吉公的祭田，或議作星岡公的祭田，或轉售他人，所得的錢銀供家中日用之需。

不可浪擲光陰

時間，是人的生命形式，是最寶貴的東西。大凡具有高度智慧的人，都具有強烈的時間意識。相傳大禹不愛尺璧而愛寸陰。而青春卻是人生中最值得珍視的，更引來不少文人墨客的讚嘆。杜荀鶴詩云：「少年辛苦終身事，莫向光陰惰寸功。」陸游感嘆道：「吾已鬢眉白，汝方衿（衣襟）佩青。良時不可失，苦語直須聽。」岳飛也浩嘆道：「莫等閑白了少年頭，空悲切。」然而感嘆的人，往往青春不再；漠然不知的人，往往身在其中。曾國藩的兒子曾紀澤就是這樣一個少年人。

曾國藩苦口婆心給他寫了一封信：

收到你的安稟，字畫尙未長進。你今年十八歲，年齒漸長，而學業未見增益。陳岱雲姻伯之子叫杏生，今年入學，學長批閱他的詩作爲全場之冠。他比你僅大一歲，因爲無父無母家漸清貧，於是勤苦好學，少年成名。而你幸得祖父餘蔭，衣食豐適，寬然無慮，於是便安樂養逸，不再把讀書立身當作大事。古人云：勞則善心生，佚則淫心生。孟子說：生於憂患，死於安樂。我擔心你過分安逸了。

新媳婦剛進門，應該教她入廚作羹，勤於紡織，不能因她是富貴人家子女就不做家務。大、二、三諸位女兒已經能做大鞋了嗎？三姑一嫂，每年爲我做一雙鞋，表示各自的孝敬之忱，表現各自的針線功夫如何。所織之布，所寄衣襪，我從中可以察看閨門之內各自的勤勞或懶惰。

我在軍中，雖然事務繁忙，卻不曾荒廢學問，讀書寫字從未中斷過，可惜年老眼花，沒有什麼長進。你現在還未到弱冠之年，正可謂一刻千金之際，千萬不可浪擲光陰。

可謂字字愷切，句句生情，可憐天下父母心。但願普天之下的年輕人看了這段文字，能心有所動，思有所慮，發憤圖強，大展宏圖。如果這幾句話還不足以觸動你，那你不妨看看清初著名學者毛先舒寫給他兒子的一段話：

「年富力強，卻渙散精神，肆（盡力）應於外，多事無益妨有益，將歲月虛過，才情浪擲。及其曉得收拾精神，近裏著己（指精神返回）時，而年力向衰，途長日暮，已不堪發憤有爲矣。回而思之，眞可痛哭！」

早起、有恆、重厚

做曾國藩難，做曾國藩的兒子更難。他是這樣的一位父親：學問博洽，見識廣遠，閱歷豐富，位高權重，要求嚴格，他把所有的經驗、智慧、理想、興趣、已成之志、未竟之業全部壓過來。做曾國藩幸運，做曾國藩的兒子更幸運。他把自己的全部知識、經驗和智慧毫無保留地傳授給兒子，他爲兒子提供了遠比一般人優越的生活條件和學習環境，他爲兒子提供了一個又一個挑戰困難和失敗的機會，他把兒子看作他的軀體和心靈的新的延續。

下面是曾國藩寫給兒子紀澤的一封信：

我家先祖世代相承，一直是寅正（凌晨四點）即起，至今兩百年未改。從高祖、曾祖時代就代代早起。我曾見過曾祖父竟希公、祖父星岡公都是天未亮就起床，寒冬起坐約一個時辰，才見天亮。我的父親竹亭公也是黎明即起，如果有事則不待黎明，每天夜裏必定起來查看一二次不等。這是你們親眼見過的。我近來也是黎明即起，想努力繼承先人的家風。如今你已年過二十，娶妻成家，當以早起爲第一要務。除了自己身體力行，還要帶領媳婦身體力行。

我平生因爲缺乏恆心的毛病，以至萬事無成。德行無所成，學業無所成，這足以使人深以爲恥。等到辦理軍務，本來發誓不再做別的事情，可是其間又改變了初衷。這是極爲嚴重的缺乏恆心！我感到深深的恥辱。你如果想有點成就，就必須從「有恆」二字上著手。

我曾經仔細觀察過，祖父星岡公儀表絕人，全在一個「重」字。我的舉止容貌也很穩重、厚道，就是效法星岡公。你的舉止輕浮，是一大弊病，以後應時時留心。無論是坐還是行，均須重厚。早起床，有恆心，舉止厚重，這三點對你來說都是最緊要的事情。早起是先人之家法，無恆是吾身之大恥，不重是爾身之短處，所以我特意諄諄告誡你。

這三點看似平常，實則思慮至深，切中肯綮，寄望甚殷。這不是從書本中可以學到的，也不是他人能夠直言的，只有父親對兒子才會說出這樣的話。早起說的是生活習慣，無恆說的是意志品格，不重說的是生活作風，這三點可以說談到了生活的方方面面，夠曾紀澤努力一輩子的。

兄弟親情

在天底下，難得看見兄弟之間那樣披肝瀝膽，那樣情眞意切，那樣彼此關照。曾國藩對兄弟之間傾注的深情厚重，恐怕只有父母對子女的那種情感才能比擬；但那種坦誠，那分直率，又不是父母之情所能比擬的。這是人間之至情，它是構成曾國藩人性魅力的動人篇章。我把這種情感稱之爲「曾國藩式」的情感。

骨肉之間

兄弟之間，情同手足，沒有不可說的話，也沒有不可做的事。既然是兄弟，就會各有各的長處，也會各有各的短處。每個人對人對事都有自己的見解，弟不必賢於兄，兄也不必敏於弟。兄弟之間產生一點矛盾，一點隔閡也是難免的事。遇到這種情況該怎麼辦呢？

有一次，曾國荃與曾國藩談心，其中大有不平之氣。曾國荃一下子給哥哥提了很多意見。最大的意見是說哥哥在兄弟骨肉之間，不能造成一種生動活潑的氣氛，不能使他們心情舒暢。曾國藩雖然稍稍勸止，但還是讓曾國荃把話說完了，一直說到夜至二更。在此期間，他還給哥哥提了許多別的意見，這些意見大都切中事理，曾國藩在一邊傾耳而聽。

金無足赤，人無完人。既然是人，就會有缺點，有錯誤，曾國藩也不例外。曾國藩最大的毛病或許還不是曾國荃說的那一條，而是喜歡教訓人，就是好為人師。這一點是曾國藩自己也承認的。

曾國藩是一個對自己要求十分嚴格的人，對兄弟子女也要求十分嚴格。要求一嚴，就難免提意見的時候多，表揚的時候少。曾國藩還是一個責任心和道德感十分強的人，凡是看不慣的，有違家法的，他都會直言不諱地給予批評。曾國荃給他提的意見實際上是說哥哥太嚴肅了。

曾國藩的可貴之處在於，他不理論，也不辯解，而是讓弟弟把話說完。既然人家有意見，你能堵住他的嘴，但堵不住他的心。有意見你就讓他把話說出來，說出來了心中就沒有了不平之氣了，如果你把他的話卡回去，這只能使他的不平之氣更添一分，於人於己都沒有好處。更何況曾國荃也說得在理呢？

曾國藩的另一個可貴之處在於，虛心接受他人的批評，並不因為自己是兄長，是大官，就以勢壓人，老虎屁股摸不得。只要他人說得入情入理，就沒有不能接受之道理。曾國藩這樣做，無損於他做兄長的尊嚴，反而使曾國荃產生一種親切之感，在尊嚴和親切之外，更有一種大度與大氣。

正是因為曾國藩有這樣的胸懷與氣度，所以曾氏家族才能老有所尊，幼有所愛，兄弟和睦，鄰里相親。

互謙互讓

曾國藩做人有一條原則：兄弟之間應該互謙互讓，互幫互助，彼此發展，共同進步。

他認為：作為人子，如果使父母覺得自己好，其他的兄弟都比不上自己，這便是不孝；如果使親戚稱讚自己好些，其他的兄弟都不如自己，這便是不悌。

為什麼呢？

如果使父母有賢愚之分，使自己得好名聲，使兄弟得壞名聲，這樣日後的裂痕和矛盾必將由此而生。在曾國藩的同鄉中就有這麼一對兄弟，劉大爺和劉三爺，他們兩人都想做好人，發展到後來，兩人鬧得不可開交，勢不兩立，不共戴天。其中的原因就是劉三爺得好名聲，而劉大爺得壞名聲。

季四弟曾來信責備曾國藩，正是這個道理！曾國藩讀信後心中大震，不禁為之驚出一身冷汗。

曾國藩以為，兄弟之間都應德才兼備，不應彼高此低，就像陳氏的難兄難弟一樣。

東漢時期，河南許昌有一個名叫陳寔的人，他有兩個兒子，一個叫陳元方，一個叫陳季方，兄弟兩人都很有德才。一天，陳元方的兒子陳長文和陳季方的兒子陳孝先，在一起爭論誰的父親功德更高，相持不下，便去請爺爺評判。陳寔對自己兩個兒子都很滿意，聽了孫子的問話後，笑著答道：「元方難為兄，季方難為弟。」此後，這對兄弟的故事被人傳為佳話。

曾國藩表示，從今以後，願我們兄弟五人，人人都明白這個道理，彼此相互諒解。哥哥以弟弟得壞名聲爲憂，弟弟以哥哥得好名聲爲快。哥哥不能使弟弟得好名聲，這便是哥哥的罪過；弟弟不能使哥哥得好名聲，這便是弟弟的罪過。

如果我們兄弟每人都這樣想，都這樣做，那麼即使千年萬年，我們兄弟之間也不會產生一絲一毫的裂痕啊！

患難與共

兄弟之間應該同甘共苦，患難與共。有的兄弟，只能有福同享，不能有難同當。還不說有難，只要有一點點麻煩，就想方設法避開，生怕自己捲入其中。這樣的兄弟不是眞正的兄弟。

有一年，曾國藩所部軍饗極少，這是很多年都沒有的現象，加之流言外侮紛至沓來，曾國藩恐懼異常，似乎大禍即將臨頭。在這種緊急關頭，曾國藩對弟弟說：

即使兄弟同心協力，抵禦外侮，尙且還擔心衆推牆倒，哪裏敢在心裏生一點點芥蒂？哪裏敢因弟弟語氣稍直而心懷不滿？我能承受他人的千萬指責，難道不能容忍胞弟的一句過頭話嗎？我難道還忍心挑剔嗎？

請老弟千萬放心，千萬保重。

此時的兄弟實在是患難與共的兄弟，只能互相鼓勵、互相勸誡、互相維護。

曾國藩就是這樣和弟弟一起共渡難關的。在我國古代就流傳不少兄弟患難與共的故事。

晉人王覽，他母親朱氏經常虐待前母之子王祥。王覽才幾歲，見其母親用荊條鞭撻王祥，就哭著上前護住哥哥。後來長大成人，總是勸諫其母。朱氏還常常要王祥做重活，以折磨他，每逢此時，王覽總是陪著哥哥一起做。而且朱氏要王祥之妻去做活時，王覽之妻也每每相陪。

王祥之父死後，王祥漸漸有了些名聲，朱氏十分忌恨，竟在酒裏暗下毒藥，想致王祥於死地。王覽覺察後，一氣之下，拿起毒酒就要喝，王祥方才懷疑酒中有毒，便奪過弟弟手中的酒杯。從此以後，凡朱氏給王祥送的飯菜，王覽總要先嘗。朱氏無計可施，才未再下毒手。

王祥雖然沒有一個好繼母，值得慶幸的是，他有一個好兄弟。

以誠相待

誰都不想被欺騙，但這不等於誰都不想欺騙別人。社會上曾流行一句話：對朋友講眞話，對老婆講假話。由於某種利害關係，人們難以眞誠。何況是兄弟之間呢？

曾國藩說，在兄弟之間，即使有一句欺詐的話，最終也不會隱瞞多久。這話似乎有些絕對，有些話是可以隱瞞很久的，甚至可以隱瞞一輩子；但不能保證每一句假話都可以隱瞞。一旦你的某句假話被人識破，那你的眞話也會被人一次次懷疑。所以曾國藩說，索性有話直說，一語道破，雖然眼下嫌太直，難以承受，但將來肯定能被諒解，知道我的良苦用心。

下面是曾國藩的一席話，你相信他是眞誠的嗎？

在幾個弟弟中，國藩我對待溫弟（曾國華）似乎過於嚴厲，但捫心自問，覺得還沒有對不起兄弟的地方。我不是信口開河，大凡做大官的人，往往對妻子兒女特別照顧，對兄弟則失之苛薄；往往私肥自家，對親戚同族則失之刻薄。國藩我從三十歲以來，就一直把升官發財當成一件可恥的事情，把官囊積金留給子孫享用看作可羞或可恨的事情。所以我暗中發誓，決不靠做官發財，決不把做官得來的錢財留給後人。蒼天在上，神明鑒臨，我決不食言。

而今國藩我侍奉高堂父母，每年僅寄回爲數不多的銀兩，以供雙親大人吃喝零用。對同族中貧窮的親戚，我每年也酌情分送少許，以表達我區區心意。因爲即使我多給家裏寄錢，父母所衣所食也不能因此更爲豐厚；與其獨肥一家，使同族親戚因此而怨恨我以及我的父母，哪裏比得上分給一些親戚，使他們對我父母感恩戴德，並且更加欽佩和尊敬呢？

如果將來在地方上做官，俸祿會比較豐厚，國藩我發誓：除了俸祿之外，一分錢也不多拿。如果俸祿越來越多，就周濟更多的窮寒親戚，決不爲子女的衣食之需而積蓄錢財。因爲子女們如果賢良有才，就不必靠長輩做官發財，也可以通過自己豐衣足食。子女們如果是不肖之徒，則長輩他們多留一分錢財，他們就會多造一分罪孽，將來他們驕奢淫逸無惡不作，就必定會玷污家族的聲譽。

所以，我立定此志，決不憑做官發財，決不留錢給後人。如果俸祿較多，除了供奉父母衣食所需之外，全部都用來周濟貧窮的親戚，這是國藩我一向的願望。

曾國藩的這番話，可謂信誓旦旦，其心拳拳，其情切切，對此我深信不疑。而且我還相信，這種想法也不是當時一般做官之人都能具備的。

愛之以德

《詩經》有言：「凡今之人，莫如兄弟。」的確，天下沒有比兄弟感情更深厚的了。深厚的感情源於深沉的愛，而愛的方式卻多種多樣，那麼如何去愛呢？

曾國藩自有他獨特的方式：愛之以德。

何謂愛之以德？即教他們勤儉節約，勸他們吃苦耐勞，過一種樸素的生活，這就是愛之以德。何謂愛之以姑息？即用姑息的方式愛他們，令他們豐衣美食，對他們百依百順，言聽計從。這就是愛之以姑息。

以姑息的方式愛他們，只會使兄弟四肢懶惰滋長驕氣，將來敗壞德行，這就是引導兄弟不孝不仁。無論如何，曾國藩是不會這樣做的。

道光二十九年，曾國藩在京城的寓所只有兩樣東西，一是書籍，一是衣服。衣服是做官的人必不可少的，而書籍是曾國藩一生的嗜好。

就是這兩樣東西，曾國藩也表示，將來罷官以後，除了適合夫人穿的衣服外，其他都與兄弟五人抓鬮平分。所有的書籍，則一律收藏於「利見齋」中，無論兄弟還是後輩都不得私自拿走一本。除了這兩樣東西，曾國藩說他絕不保留任何東西。

曾國藩就是這麼想的，也是麼做的。他是一個光明磊落的人，總是能將自己的想法與兄弟和盤托出，以求得兄弟的彼此理解、信任與支持。在兄弟五人中，國華對哥哥多有誤解，所以曾國藩總是能對他做開心扉，也不迴避這種誤解。他之所以多次將自己的終身想法告知各位兄弟，是因爲他覺得兄弟之間除了肝膽相照，就沒有更好的法子了。

在兄弟之間，沒有一點感情是不可能的，但不愛之以姑息卻是很難的，或者愛之深切，或者怕產生隔閡，或者怕得罪兄弟，總是不願開展批評，以爲凡事忍、讓著就可以萬事大吉了。殊不知這就是分歧的開始。曾國藩決不這麼做，他曾在適當的時候說一聲：「不！」

這就是曾國藩的愛之以德。

名望所在

中國人的家庭觀念都很強，曾國藩似乎更為突出。

曾國藩對家族的名望或聲譽十分看重，為了保持這個家庭的名望和聲譽，曾國藩可以說憚思竭慮，鞠躬盡瘁。

常言道，樹大招風。由於家大業大勢大，兄弟幾人都在朝廷做大官，於是乎外面就有不少關於他們兄弟的傳聞。

曾國藩就不止一次地聽說過對他們兄弟惡行的指責，曾國藩聽了以後，不想秘而不宣，而是一一轉告各位兄弟：或者直接責備，或者委婉相勸，希望他們有則改之，無則加勉。

因為名望所在，是非由此而分，賞罰由此而定。有一年冬天，朝廷中有一個叫金眉生的官員就被好幾個人彈劾，結果家產被抄，被沒收，妻子兒女半夜站在露天下，飽受風寒冰凍之苦。曾國藩說，難道這個金眉生果眞萬惡不赦嗎？其實不過是名聲不好，懲罰隨之而來罷了。

所以說，人言可畏，衆口鑠金，積毀銷骨。那些議論不知道在什麼地方興起，也不知道在什麼時候結束。衆口悠悠，沸沸揚揚，防不勝防啊！那些有才華的人，因爲那些懷疑與誹謗無根無據，雖然惱怒，但還是悍然不顧，結果誹謗一天比一天嚴重。那些有德行的人，因爲這些誹謗無根無據而深感恐懼，於是收斂下來認眞反省，並對自己今後的一言一行，一舉一動都十分謹愼，結果誹謗不攻自破，謠言一天天平息下去。

顯然，曾國藩願意看到自己的兄弟收斂起來，深刻反省，而不願意看到弟弟們悍然不顧。他希望弟弟們聽從他的忠告，手足相聯，同走正道。他最怕的就是兄弟們各執己見，在家裏斤斤計較，互決雌雄，反而忘記了迫在眉睫的外來災難。

曾國藩說：我忝居高位，又獲得了極高的虛名，時時刻刻都有顚覆的危險。通觀古今人物，像我這樣名大權重的人，能夠保全善終的人極爲少見。因此我深深擔憂在我全盛之時，不能庇護你們，到了我顛覆之時，或許還會連累你們。所以我只有在我沒事的時候，時常用危詞苦語來勸戒你們，這樣或許能夠避免大災大難啊！

處世：相友可知人

嚶其鳴矣，求其友聲。

——《詩經》

有朋自遠方來，不亦樂乎？

——孔子

書必擇而讀，人必擇而交，言必擇而聽，地必擇而蹈。

——張履祥

人生活在世上，就必然要與他人打交道。與人打交道，這可是一門大學問，多少人都栽在了這上頭，並不是他們不明智，而是沒有留意。曾國藩的成功，在相當的程度上靠的是他的這門學問。試想，一個農家子弟，如果沒有唐鏡海大師和倭艮峰前輩的指點，沒有邵蕙西、吳竹如、馮樹堂等同輩的切磋，就不會有他後來的深厚學養，就不會有學業的精進。沒有穆彰阿的器重，就不會有仕途的奇跡般的升遷，也很難說有他後來的功業。

交遊

人的成長是有一定的環境的，習俗染人，風俗移人，所以交朋結友就應特別慎重。應結交那些有理想，有道德，有氣節，肯學問的人士。

相友知人

道光二十三年正月十七日，曾國藩在給弟弟的信中寫道：「一生之成敗，皆關乎朋友之賢否，不可不慎也。」

一個人在世上總有幾個好朋友，生活上相互幫助，思想上相互交流，性情上相互影響。爲什麼人才一批一批的出現，在某一個時代人才輩出，在某一地區人才輩出，這並不是因爲這個時代比另一個時代的人更傑出，這個地區的人比另一個地區的人更優秀，而是因爲這個時代或這個地區的人團聚在一起，相互激發，相互砥勵，才出現了一個令人欽慕的群星爛燦的好局面。

所以，要了解一個人，不一定非得觀察這個人，只要看看他所結交的朋友就可以了，這就是「相友而知人」。古時候楚國就有一個這樣的人。他給人看相十分靈驗，名聲很大，大得楚莊王知道了，把他傳召到宮中。莊王問他，「你是怎樣給人看相的?怎樣能預知他人以後的吉凶呢？」他回答說：

「我不會給人看相，不過是從他所交的朋友來判斷他的未來。一般老百姓所交的朋友，如果是孝敬父母，尊兄愛弟，不犯法紀，那麼他家就會一天一天興旺起來，所以可以判定他日後必有福。這就是所說的好人。一般當官的，如果他所交的朋友講信用，重德行，那麼他就會幫助君王做出許多有益於國家的好事來，所以可以判定他可以升官。這就是所說的好官。君主聖明，大臣賢能。如果君主有失誤，大臣們會當著您的面直言勸諫。那麼國家就會一天天興盛起來，君主也一天天受人尊敬。這樣的君王才是好君主。我不會給人看相，只不過能夠觀察他所交的朋友的情況。」

「太好了！」楚莊王說。從此以後，莊王便招攬天下有才能的人，最後得到孫叔敖和子重，任命他倆爲宰相，使楚國稱霸一時。

《史記》說：「不知其人，視其友。」實在是經驗之談。

習俗染人

曾國藩曾經感慨道：鄉間無朋友，實是第一恨事。他認爲，沒有朋友的環境，不僅無益，而且有更大的危害。這倒不是說，別人有意加害於他，而是說習俗染人啦！

爲了給孟子一個更好的成長環境，孟母三次搬家。荀子說：「居必擇鄉，遊必近士。」可見古人對習俗染人有很深的體認。

對一個現代人來說，居必擇鄉已非易事，能夠搬幾次家的人太幸運了，想住在哪裏就搬在哪裏，對一個城裏人來說，無異於天方夜譚；然而我們所能做的只是遊必近士。

那麼，什麼樣的人可交呢？古人談交遊不外三個方面，一是賢，一是善，一是好學。

三國時名人劉廙說：「夫交遊之美，在於得賢。」南宋朱熹對他兒子說：

「見人嘉言善行，則敬慕而紀錄之；見人好文字勝己者，則借來熟看，或傳錄之，而諮問之，思與之齊而後已。不拘老少，惟善是取。」明代名人楊繼盛這樣訓諭他的兩個兒子：「揀著老成忠厚、肯讀書、肯學好的人，你就與他肝膽相交，語言必相逐，日與他相處，你自然成個好人，不入下流也。」曾國藩對兒子似乎有更大的期望，他對紀澤說：「擇交是第一要事，須擇志趣遠大者。」

所以交朋結友，不可不選而擇之。古人對正反兩方面的經驗都說得至爲透辟，不妨錄而存之。

宋人許棐說：「與邪佞人交，如雪入墨池，雖融爲水，其色愈污；與端方人處，如碳入薰爐，雖化爲灰，其香不滅。」

還是顏之推說得好：「人在年少，神情未定，所與款狎，薰漬陶染，言笑舉動，無心於學，潛移默化自然似之……是以與善人居，如入芝蘭之室，久而自芳也；與惡人居，如入鮑魚之肆（店鋪），久而自臭也。」

所以，君子必慎交遊！

求師擇友

古人擇友，如同求師。賈島詩云：「君子忌苟合，擇友如求師。」曾國藩擇友，注重的是對己身有所裨益，結交的大都是高明之人，博雅之士。他反覆囑咐兄弟：「但取明師之益，無受損友之損。」

曾國藩說：「凡人必有師，若無師，則嚴憚之心不生。」的確，在人的一生成長過程中，誰是生而知之的呢？誰又能離開師長的啓蒙與教誨！誰又能事事無師自通呢！即使聖明如孔子，他的學問與識見的獲得主要是二點，一是敏而好學，一是不恥下問，這不恥下問就是拜人爲師啊！

拜什麼人爲師呢？在孔子看來，人人都可爲師，他說：「三人行，必有我師焉：擇其善者而從之，其不善者而改之。」見到別人的優點我學習，見到別人的缺點我改正，可見孔子具有很高的學習積極性、主動性和辨析力，一般人很難做到這點。

曾國藩拜師交友自有他的原則和標準，他說：「若果威儀可測，淳實宏通，師之可也；若僅博雅能文，友之可也。」就是說，一個人若舉止威儀，誠實通達，可以尊之為師；一個人若博學典雅，擅長詩文，可以待之為友。前者如唐鏡海先生，後者如趙烈文。曾國藩還說，無論是尊為師，還是結為友，都應當常存敬畏之心，不能視為與自己平等的人，漸漸地怠慢不敬，如果這樣就再也不會從他身上獲得教益了。

然而結為師友之誼並非一廂情願的事情，你拜人家為師，還得人家視你為友。你拜人而人不受，碰到這種情況怎麼辦？曾國藩曾引用過韓愈的話：「善不吾與，吾強與之附。」就是說，好人不願與我交往，我要盡力向他靠攏。只要有心向學，相信精誠所至，金石為開。

程門立雪，雖然講的是游酢和楊時恭敬好學，但也可以看作是「心誠所至，程門為開」。一個是名重一時的大學者，另外兩個是初出茅蘆的小後生，如果來訪的是周敦頤或者張載呢？恐怕不會有「程門立雪」的故事了吧！

諍朋摯友

孔子說：「切切偲偲，怡怡如也，可謂士矣。」朋友之間相互批評，和睦共處，就可以叫做士了。

道光二十三年二月的一天，曾國藩的好朋友邵蕙西當著曾國藩的面數落了他幾件事：一是怠慢，說他結交朋友不能長久，不能恭敬；二是自以爲是，說他看詩文多固執己見；三是虛僞，說他對人能作出幾副面孔。

蕙西的話雖少，但件件事實，句句屬眞，直截了當，鋒芒所向，直指曾國藩的病處。曾國藩在日記中寫道：直率啊，我有朋友！我每天沉溺在大惡之中而不能自知！

這事給曾國藩很大刺激，他在另一篇日記中寫道：我對客人有怠慢的樣子。面對這樣的良友，不能產生嚴憚的心情，拿什麼吸引別人的長處！這是拒友人於千里之外啊！接待賓客尙且如此，不必再問閑居的時候了。偃息煙火，靜修容顏又怎麼說呢？小人啊！

朋友有了過錯，蕙西不指出來，那是蕙西的過錯；朋友指出了過錯，曾國藩不改正，那是曾國藩的過錯。現在是一個直言不諱，一個表示痛改前非，正如朱熹《四書集注》中所說的：「責善朋友之道也。」

曾國藩既有邵蕙西這樣的諍友，也有吳竹如那樣的摯友，曾國藩好福氣啊！同年二月的一天，吳竹如與曾國藩交膝談心，談到他平生的交道，把曾國藩以知己相許，他說：「凡是閣下您所有的以期望許諾下的言語，信了它就足以滋長您自以爲是的私念，不信它又恐怕辜負了您相知相許的眞情，我只好自始至終懷著恐懼的心理。」幾句話，不溫不火，不惱不怒，字字力若千斤。曾國藩曾記下了他的感受：

聽了吳竹如的幾句話，我悚然汗下，竹如對我的敬重，簡直是將神明收斂在內心。我有什麼道德能擔當得起呢？連日來安逸放肆，怎麼能成爲竹如的知己？實在是玷污竹如啊！

交友寧缺勿濫

曾國藩在給弟弟的信中寫道：「交際之道，與其失之濫，不若失之隘。」交友貴多，樹敵務少。但這要看是什麼樣的朋友，如是賢友，志同道合，共同促進，那當然是多多益善；如是頑徒，志趣低下，見利忘義，那顯然是不可相許。自古就有鳥必擇木而栖的古訓。

朱熹對他的大兒子說：「交遊之間，尤當審擇，雖是同學，亦不可無親疏之辨。」高攀龍也說道：「言語最要謹愼，交友最要審擇。多說一句不如少說一句，多識一人不如少識一人。」說的都是交友要寧缺勿濫。

在交遊中，同學關係最難處理，同學關係近似血緣關係，一旦是同學，終身就是同學，不會變更。同學三年五載，甚至十年八載，若說沒有一點感情，那是少見的；然而並不是所有的同學都可以成爲朋友，即使成了朋友也並不是終身都要成爲朋友。同學是不會變更的，朋友卻是可以變更的。

東漢時期，管寧和華歆就是一對同窗好友，然而後來卻分道揚鑣了。

一次管寧和華歆一起在園中鋤草，鋤著鋤著，他們發現地上有一片金子，管寧仍然揮鋤不停，視如瓦石，不以爲意。而華歆則俯身拾起，放置一旁。

還有一次，管寧與華歆正同席讀書，此時，有一達官顯貴乘車路過，管寧讀書如故，不聞不問；華歆卻扔下書本，出門觀看。

管寧見華歆迷戀名利，與自己志不同，道不合，便割席分坐，自此以後，再不以華歆爲友。

這則故事成爲教子育人的典故。左宗棠就這樣教訓他的兩個兒子：「同學之友如果誠實發憤，無妄言妄動，固宜爲同類。倘或不然，則同齋割席，勿與親昵爲要。」

當然，與同學絕交，不可大動干戈，絕情絕義，勢不兩立。《史記·樂毅列傳》中說：「古之君子，交絕不出惡聲。」所以有修養的人，在絕交時，不用惡言攻擊對方。這一方面體現出絕交者的應有風度，同時也爲日後留條後路，如果這位同學變好了呢？很多人在同學時並不是朋友，可是走上社會後，才發現彼此更志同道合，於是也成了好朋友。這樣的例子還少嗎？

態度

交朋結友，不光是要求別人怎麼做，還要問自己如何做。首先要做到正心誠意，其次，要嚴於律己，寬以待人，還要與人爲善。

誠敬

《論語》云：「友直，友諒，友多聞，益矣。」與正直的人交友，與信實的人交友，與見聞廣博的人交友，這便是有益了。那麼我們該如何與這樣的人相交呢？曾國藩從日常交往中總結出了兩句話，便是：相見必敬，開口必誠。

誠信，是人立身之本。俗話說，大丈夫一言既出，駟馬難追，說的不就是做人要誠實無欺。孔子說：「人而無信，不知其可也。」蘇軾也說：「天不容僞。」可見，誠信，是人賴以生存的靈魂。不，它就是生命本身。也許你能欺騙一個人，但你不能欺騙所有的人；即使你詭計多端，欺騙了所有的人，但你能欺騙自己嗎？人做到了誠信，然後才談得恭敬；做到了恭敬，才能取悅於人，受惠於己。

然而，做到誠信，並不是不說假話，假話太容易被識破了。如果你的第一句假話被人識破了，那麼你的第二句眞話也將被人懷疑，所以人不到迫不得已是不會說假話的。曾國藩在日記中反覆譴責和歸咎自己的也不是說假話，而是比假話更隱秘，又以更冠冕堂皇的面目出現的不誠實。

有一天，好友竇蘭泉來拜訪曾國藩，兩位學人相見，自然商討理學，然而曾國藩並未能眞正理解竇蘭泉所說的意思，便開始妄自發表見解。事後曾國藩就指責自己，這就是心有不誠：不僅自欺，而且欺人，沒有比這更厲害的了。由於不誠實，所以說話時語氣虛僞強辯，談文說理，往往文飾淺陋，以表示自己學理精湛，這不過是表演而已。這難道有什麼好處嗎？

曾國藩雖然意識到了自己的毛病，表示悔改，可事到臨頭，又身不由己了。沒過幾日，朱廉甫前輩偕同邵蕙西來訪，這兩個人都是孔子所說的正直、信實、見聞廣博的人。尤其是朱廉甫前輩屈尊來訪，不就是把曾國藩視爲志同道合的人嗎？沒想到曾國藩故技重演，說了許多大言不慚、沽名釣譽的話。

還有一次，好友陳岱雲來訪，想看曾國藩的《饋貧糧》，結果曾國藩以雕蟲小技，不值一看爲由深閉而固拒。一時掩飾笨拙，文飾淺陋，巧言令色，種種複雜的情形交識在一起，難以言表。事後曾國藩反省，這都是虛榮好名的心理在作怪啊！這些都是不誠實表現。

經歷了內心的這幾次折磨與爭鬥，曾國藩開始給自己約法章：大凡往日遊戲隨和的人，性格不能馬上變得孤僻嚴厲，只能減少往來，相見必敬，才能漸改征逐的惡習；平日誇誇其談的人，不能很快變得聾啞，只能逐漸低卑，開口必誠，才能力除狂妄的惡習。

曾國藩就是這樣逐漸成熟起來的。

嚴於律己

在曾國藩的日記裏，充滿了自省、自責和自咎，語氣堅決，態度誠懇，毫不留情，決無粉飾和托詞。我們看到了一個活生生的曾國藩，他比生活中的曾國藩更眞實，更可敬，更値得信賴。我們不妨看看他在道光二十二年正月的幾則日記。

日記一。「客來，示以時藝（八股文），（我對文章的）讚嘆語不由衷。予此病甚深。孔子之所謂巧令（巧言令色，鮮於仁），孟子之所謂士未可以言而言是以餂（誘取）之也；可言而不言（是以不言餂之也），其我之謂乎（說的不就是我嗎）？（我）以爲人情好譽（喜歡被誇獎），非是不足以悅其心（不這樣不足以使他們高興）。試思此求悅於人之念（試想想這樣求悅於人的念頭），君子乎？女子小人乎？且我誠能言必忠信，不欺人，不妄語，積久人自知之。不贊（即使我不讚美別人），人亦不怪。苟有試而譽人（假如偶爾稱譽他人），人且引以爲重；若日日譽人，人必不重我言矣！欺人自欺，滅忠信，喪廉恥，皆在於此。切戒！切戒！」

日記二。「小珊前與予有隙（矛盾），細思皆我之不是。苟我素以忠信待，何至人不見信？苟我素能禮人以敬，何至人有慢言？且即令人有不是，何至肆口漫罵，忿戾（憤怒、蠻橫）不顧，幾於忘身及親若此！此事余有三大過：平日不信不敬，相恃（傲慢）太深，一也；比時一語不合，忿恨無禮，二也；齟齬（糾紛）之後，人反平易，我反悍然不近人情，三也。」

日記三。「（陳）岱雲來，久談，彼此相勸以善。予言皆己所未能而責人者（我認為都是自己沒能做到反而責怪別人）。岱雲言，余第一要戒『慢』（怠慢）字，謂我無處不著怠慢之氣，眞切中膏肓也。又言，予於朋友，每相待過深（苛刻），不知量（衡量）而後入（下結論），隨處不留分寸，卒（終於）至小者齟齬，大者凶隙，不可不愼。又言，我處事不患不精明，患太刻薄，須步步留心。此三言者皆藥石也。直哉！岱雲克敦（忠誠）友誼。」

這些都是小事，瑣事，平常事，但曾國藩看得很大，很重，他就這麼一個把小事上升到一種高度的人。正因為他看得大，看得重，才格外引人深思，這就是所謂從大處著眼，從小事著手。其實人一輩子不就是由許許多多小事組成的嗎？世上又有幾人有機會或能力去做轟轟烈烈的大事呢？從修身養性的角度來看，小事比大事更難做，因為它容易被人忽略，所以也更能考驗人、磨礪人。

嚴於律己，當從小事做起。

寬以待人

嚴於律己的人，往往也是寬以待人的人。

寬以待人，在中國古代叫作「恕」。所謂「恕」，《四書集注》中說：「盡己之謂忠，難己之謂恕（推己及人）。」《人物志》則說：「恕，所以推情也（將心比心）。」恕，就是仁愛，寬容啊！

嚴於律己，說的是怎樣對待自己的缺點；寬以待人，說的是怎樣對待他人的缺點。對自己的過失不放過的人，別人因此更尊重你；對他人的過失不放過的人，別人因此更計較你。人就是這麼個奇怪的東西，「以貴陵物物不服，以威加人人不厭（心服）。」（宋文帝語）「擠人者人擠之，侮人者人侮之。」（張載語）

無論社會怎樣變遷和發展，人性中這些基本的東西始終沒有改變。為了求得與他人的諧調發展和共同進步，人就該尊重他人，理解他人，寬容他人，這不是為了顯示自己的海涵與海量，而是依循人性表現的基本規則。古代中國人對人性的了解，尤其是對人性的惡的了解，破壞性的了解達到了一個空前的高度，所以中國人倡導建立和諧的人際關係，宣揚「仁者愛人」，其中一個重要的原則就是「恕」。《中說·魏相》云：「君子不責人所不及，不強人所不能，不苦人所不好。」

孔子就是這麼一個仁者和恕者。

一天，孔子出行，天雨無傘。一個學生說：「卜商有傘。」孔子說：「卜商為人，對財物甚為吝嗇。我聽說與人交往，要著意顯示別人的長處，避免暴露別人的短處。這樣，彼此關係才能長久。」孔子最終沒向弟子卜商借傘，以免暴露卜商為人的弱點。孔子做人，可以說做到家了。

曾國藩也有做仁者和恕者的時候。

那是在恰同學少年時，曾國藩在長沙岳麓書院讀書。他與另一書生同居一室，那個書生性情褊躁。曾國藩的書桌離窗有數尺，為了借光，便移近窗前。那個書生發怒道：「把我的光都遮了。」曾國藩道：「那我擱那裏？」書生指著床側說：「可以擱這裏。」曾國藩依言擱在床側。半夜曾國藩仍讀書不輟，那個書生又發怒道：「平日不讀書，這個時候了，還擾人清睡！」曾國藩便無聲默念。

與人爲善

與人爲善，語出《孟子·公孫丑上》：「取諸人以爲善，是與人爲善者也，故君子莫大乎與人爲善。」楊伯峻譯爲，吸引別人的優點來自己行善，這就是偕同別人一道行善。所以君子的最高德行就是偕同別人一道行善。孟子說的是與別人一起做好事。

曾國藩自有他的理解，他說：

「古聖人之道莫大乎與人爲善。以言誨人，是以善教人也；以德薰人，是以善養人也。皆與人爲善之事也。」孟子強調的是「與人」，曾國藩強調的是「爲善」，既取人，又取於人。若要「爲」，首先得「善」，那麼「善」是什麼？張履祥說：「心非善不存，言非善不出，行非善不行。」這個「善」，就是好品德，好思想，好學問，好語言，好行爲。那麼「善」又是如何得到的呢？一靠教，二靠養。

曾國藩說：「然徒與人則我之善有限，故又貴取諸人以爲善。人有善，則以益我；我有善，則與以益人。連環相生，故善端無窮；彼此挹注（補充通融），故善源不竭。」每個個體都是有不完善的，只有不斷吸取他人的長處，才能得到充實。別人有長處，則加以借鑒；我有長處，不要怕別人借鑒。

曾國藩還說：「仲尼之學無常師（固定的老師），即取人爲善也；無行不與，即與人爲善也。爲之不厭，即取人爲善也；誨人不倦，即與人爲善也。」孔子之所以成爲萬世師表，一個重要的原因，就在於他比別人更善於吸收他人的優長，他沒有教師，但天下所有的人都是他的教師；而他自己也是沒有什麼可以保留的，沒有什麼是不可以給予他人的；他把自己的善給別人，別人也就擁有了一份共同的善了。

所以，無論是取以益我，學而不厭，還是與以益人，誨而不倦，都是與人爲善。我們現代人在說與人爲善時，實際上是說以友好和善意的態度對待他人，並沒有包括古人那麼豐富的內涵，我們是否可以從曾國藩對孟子的理解中獲得一點爲人處世的啓示呢？

不錯，對人應該友好一點，善意一點，但這僅僅是一種禮貌，貌者，形也，所以它是一種形式，並沒有實際的、具體的內容。讓我們給它注入一點血液和骨質吧！

不佔人半點便宜

人心細如針。在人際交往中，有人就喜歡貪點小便宜，殊不知你的一言一行，一舉一動都是在他人的注視之下，別看他人默默無語，其實他對你的言行早已作出了判斷，他之所以沒有當面指出你的過失，或者是礙於情面，或者怕小題大作，或者恐有失風度，但他在心裏已告誡自己：此人不可交也！

有人在別人家裏作客，不抽自己的煙，卻拼命抽別人的煙；有人總喜歡要別人請客，可從來沒想過請別人吃一頓；有人還喜歡拿自己送的禮與別人回送的禮作比較，如果別人回送的禮豐於自己送的禮，就沾沾自喜；如果別人回送的禮薄於自己送的禮就耿耿於懷。總之，就是想佔點小便宜。這種事別人是不會說的，也不便說的。畢竟是小事嗎！

然而小事可有大文章。在現代社會，人與人之間的交往可以說都是小事，小事把現代人的感情培養得纖細若絲，也使得他們對小事格外敏感和重視，人們正是從這些小事來品評一個人的境界與情操的，我們怎能因事小而不視大呢？

明代人楊繼盛在臨終前給他兒子的遺筆中寫道：「寧讓人，勿使人讓；吾寧容人，勿使人容；吾寧吃人虧，勿使人吃吾之虧；寧受人氣，勿使人受吾之氣。人有恩於吾，則終身不忘；人有仇於吾，是即時丟過。」這既是箴言，也是苦藥，更是一個老人對人性的徹悟，蘊藉著多麼豐富的人生奧義。他只講了一個「恕」字，但每一句都是寧人負我，我勿負人。

曾國藩對人性的理解比楊繼盛還要黑暗。他認爲，從前那些施恩於我的人都是另有所圖，少則數百，多則數千，不過都是釣餌而已。將來萬一我做了總督或者學政，不理他們吧，失之刻薄，理會他們吧，即使施一報十，也不能滿足他們的欲望。正是出於這種理解，曾國藩在京城八年，從來不肯輕易接受他人的恩惠。他對弟弟寫道：「情願人佔我的便宜，斷不肯我佔人的便宜。」並囑咐他們：「凡事不可佔人半點便宜，不可輕取人財，切記切記。」

也許處身官場的人，沒有不同意曾國藩的說法的，這固然包含著對佔便宜失身失節的領會，但更多的是一種怕麻煩的心理，總是擔心應接不暇，糾纏不斷。曾國藩是一個精明人，當然想到了這一點。

總之，佔便宜，無論哪一種形式，哪一種性質，哪一種目的，都可以一言以蔽之：便宜好佔，或者難堪，或者麻煩。

經驗與智慧

曾國藩的一些處世經驗很樸實，他不會發空論，說的是老實話，做的是老實事，因此他的處世原則、經驗與智慧就很有啓發性。

樂天知命

樂天知命，才能無憂。

年有四季，歲有輪回。人生在世，有順境，也有逆境，有飛黃騰達日，也有潦倒落泊時。這就要求你寧靜、平和，淡然處之。所謂「居上位而不驕，居下位而不憂。」（《周易》）

曾國藩說，君子處順境，兢兢業業，常覺天之過厚於我，我當以所餘補人之不足。君子處困境，也兢兢業業，常覺天之厚於我，其實並非眞厚也，而是與更困難的人相比，才覺得優厚的。古人說，處境順看不如我者，指的就是這種情況。

曾國藩曾認眞研究過《易經》，探索過盈虛消長的道理，從而懂得人不可能沒有缺陷。他說：「日中則昃（太陽偏西），月盈則虧，天有孤虛（指日辰不全），地闕（缺）東南，未有常全不缺者。」

《剝》卦，是《复》卦的徵兆，君子認爲是可喜的。《夬》卦，是《姤》卦的開始，君子認爲是危險的。事物就是這樣彼消此長，福禍相依，所謂苦盡甘來，絕處逢生，山窮水盡，柳暗花明。所以，在大吉大利後，就是大凶大難時。

人人都喜歡吉利，本能地迴避凶難。那麼，有沒有辦法保持吉利，迴避凶難呢？曾國藩的辦法是悔改、收斂、抱殘守缺。他認爲在大吉大利時，通過悔改可以走向吉利。一般人只知道有了過錯才需要悔改，而不知道取得了成績還需要悔改。這件事我明明沒有過錯，從何悔改？也許這件事你確實沒有過錯，然而別的事情就沒有過錯嗎？難道你從來就沒有過錯嗎？

悔改是什麼？曾國藩說：「悔者，所以守其缺而不敢求全也。」有一點殘缺和遺憾就讓它有一點殘缺和遺憾，不要求全、求圓、求滿，這就是抱殘守缺。很多人不明白這一點，一味追求大獲全勝，功德圓滿；可是一旦大獲全勝或者功德圓滿，那凶險和災禍也就隨之降臨了。所以清代朱柏廬勸誡子嗣：「凡事當留餘地，得意不宜再往。」

也許，這就是中國人的智慧：不追求痛快或快感，不追求高峰體驗或十全十美，最大的數就是九，過了九就不吉利了；總是用一種理性而明晰的眼光看待生活，路很長，道很遠，一切以中和爲度，適可而止，不以福喜，不以禍悲，在淡泊與寧靜中體驗著人生的眞滋味。

以退爲進

文武之道，有張有弛。人生之路，當進則進，當退則退；只進不退，定生禍端，只退不進，無所作爲。老子說：「功成身退，天之道。」管子也說：「名進而身退，天之道也。」

同治三年三月間，曾國藩的日子過得鬱鬱寡歡，其實他本可以高枕無憂。一則自己兵霸一方，水陸兩部均在旌下；二則自己勞苦功高，戰績威震天下，金陵

（太平軍首府）唾手可得；三則自己對皇上忠心耿耿，兢兢業業，心直身正；四則弟弟國荃也厲兵秣馬，相與照應。

然而曾國藩仍然「鬱鬱不自得，愁腸九回者」，一是因爲軍餉拮据，恐怕軍營嘩變，功敗垂成，丟城失地，遺患江西；二是戶部奏折似有意在他與皇上間爲難；三是自己因爲自己用兵太久，擔心朝廷內外懷疑他擅權專利。兵權太重，利權太大，這才是最値得憂慮的啊！

曾國藩在想，自古以來，高位權重的人，沒有一天不是在憂患之中，現在自己上下難當，左右難處，怎麼辦呢？曾國藩在想，江西爭厘（設卡徵稅）的事如果不成功，那麼就會餉缺兵潰，當然可憂；即使爭厘成功，那麼專利的名聲就更爲顯著，更是可懼。

反覆思慮，再三籌劃，曾國藩作出決定：解去兵權，告病引退。一來可以平息別人的懷疑誹謗，二來向朝廷表明自己不敢久握重柄，三來對自己還有避其重取其輕的意思。曾國藩想，如果從此事機日順，四海之內不再兵刃相向，那麼我就長期引退並終老山林，不再出山參與政事，這於公於私都是値得慶幸的。

對曾國藩來說，引退山林並不是迫不得已，即使他不引退，同僚也無可奈何，即使皇上也無可奈何，並沒有證據表明他圖謀不軌，況且他屢次拜恩受賞，他有什麼理由歸隱山林呢？然而這樣想他就不是曾國藩了。

曾國藩深受儒家入世思想的影響，角逐功名，治國平天下；但他也受老莊出世思想的影響，委曲求全，明哲保身。當他叱咤風雲時，儼然一儒者；當他功成身退時，彷彿一道家。

同治三年三月間，曾國藩想到的大概就是老子的話：「曲己從衆，不自專，則全其身。」

難得糊塗

俗話說，聰明反被聰明誤。人若精明，確能佔得不少便宜，但太過精明，別人也必定會以精明加以防範，精明的人往往看不到這一點。精明的人，可以精明一次，也可以精明兩次，但很少有人能精明過三次的；因爲一次精明是啓發，二次精明是教訓，三次精明就是警惕啊！

人們在交往中，常常喜歡與單純的人交往。與單純的人交往放鬆、自然，不用費盡心機，提高警惕；這倒不是說單純的人是傻子，是可以隨意欺騙與作弄的，而是說他心地純淨、寧和、淡泊，他也懂得很多，想得很深，看得很透，他把他的心智放在更有價值和更有意義的事情上。這就是荀子所說的那種人：溫和如玉，完美純正。

然而，與精明的人交往，就得時時小心，處處提防，稍有不愼就會落入泥淖和陷阱中。交往得越久，相處得越深，就越是感到被欺騙、被愚弄，當然也就越是不自在。如果沒有辦法還得與他交往，那麼他就會以精明手腕去對付他。這正應了鄭板橋的一句話：「試看世間會打算的，何曾打算得別人一點，眞是算盡自家耳！」

曾國藩是一個精明的人，他弟弟曾國荃也是一個精明的人，他們就因為精明吃過不少虧。

對於讀書人，曾國藩還能以誠相待，他說：「人以僞來，我以誠往，久之則僞者亦共趨於誠矣。」但是對於官場的交接，他們兄弟倆卻不堪應付。他們懂得人情世故，但又懷著一肚子的不合時宜，即不能硬，又不能軟，所以到處碰壁。這是很自然的，你對人誠懇，人也對你誠懇；你對人詭秘，人也對你詭秘；你對人一肚子不合時宜，人也對你會一肚子不合時宜。

而曾國藩的朋友迪安有一個優點，就是全然不懂人情世故，雖然他也有一肚子的不合時宜，但他卻一味渾含，永不發露，所以他能悠然自得，安然無恙。而曾國藩兄弟卻時時發露，總喜歡議論和表現，處處顯露精明，其實處處不精明。曾國藩提醒曾國荃：這終究不是載福之道，很可能會給我們帶來災難。

到了後來，曾國藩似乎有所領悟，他在給湖北巡撫胡林翼的信中寫道：「惟忘機可以消衆機，惟懵懂可以祓（消除）不祥。」但很遺憾，他未能身體力行。

所以，爲學不可不精，爲人不可太精，還是糊塗一點的好。

然而讓精明的人糊塗，可不是一件容易的事情，除非他經歷很多人和事，受過很多挫折和磨難，否則他是不會糊塗的。鄭板橋不是已經說過了嗎？聰明難，糊塗難，由聰明返糊塗更難。但也只有進到這一境界，才能明白人生是怎麼一回事。

求友貴專

曾國藩說：「凡事皆貴專。求師不專，則受益也不入；求友不專，則博愛而不親。」實在是至理名言。

有一句話說，多一個朋友多一條路，意思是說朋友越多越好。如果是志同道合，當然是多多益善；如果志不同，道不合，那就是烏合之衆，其實是算不得朋友的。多一條路的「路」可以這樣來理解，門路，幫助，有用，總之是實用，實惠，尤其是碰到什麼意想不到的麻煩被意想不到的朋友解決了，對這句話的體驗就更爲親切了。

然而這句話卻不符合中國古人的交往原則，孟子說：「友也者，友其德也，不可以有挾也。」顯然，孟子交朋友，是要和他的德行相交，而不是倚仗什麼和他相交，不是要有利可圖才和他相交。如果無利可圖呢？那就不和他交往了。這就叫利盡情絕。正如司馬遷說：「以權利合者，權利盡而交疏。」這種人在現實生活中不少，如果他有求於你，或者可能有求於你，於是對你體貼入微，看探殷勤，恰如冬天裏的一把火；如果無求於你，則對你不冷不熱，老死不相往來。

這句話的另一個錯誤就是利己傾向，只說別人幫助他，而不說他幫助別人，只是他麻煩別人，而不說別人麻煩他。有來無往，或者來而無往，久而久之，這句話就成了多一個朋友少一條路。

現在我們來看看「博愛」是否可能？

俗話說：物以類聚，人以群分。《史記》云：「同明相照，同類相求。」可見人們是根據個人的性格、氣質、志趣而結合在一起的。大千世界，芸芸衆生，三教九流，無所不有，一個人要同形形色色的人交朋友，那就意味著他必須放棄自己的立場、觀點和志趣，爲了同其明，同其類，他就得把自己變成一個稀奇古怪的人物，這樣的人天下有嗎？如果他眞的以爲朋友遍天下，那不過是一廂情願，或者自欺欺人。

其實眞正的朋友是很少的，他們相知、相親和相敬，同甘共苦。管仲和鮑叔牙就是這樣的朋友。

鮑叔牙是齊國大夫，以知人著稱，少時與管仲結爲摯友。齊桓公上台後，任命鮑叔牙爲宰相，他辭謝不受，力薦管仲。齊桓公因重用管仲，得以稱霸諸侯。

這一年，鮑叔牙病逝，管仲聞訊大哭，淚如雨下，有人問管仲：「你與鮑叔牙既非君臣，又非父子，爲何如此傷心？」管仲抽泣著說：「你有所不知，鮑叔牙是我最崇敬的知心人。我曾與他同去南陽做小買賣，無賴在街上三次羞辱我，他不認爲我怯弱怕死，知我想做一番事業才甘心受辱；他曾與我一起面諫先王，先王不聽，他不認爲我想法不對，知我生不逢時；他曾與我一起共分一筆錢財，我拿的比他多三倍，他並不認爲我貪婪自私，知我家境貧窘。眞是生我者父母，知我者鮑叔牙。士爲知己者死，我的悲哀又算得了什麼？」

人生得一知己足矣，管仲得一鮑叔牙眞是太幸運了！

處世禁忌

勿誇誇其談

《周易·繫辭下》說：「吉人之辭寡，躁人之辭多。」思想修養好的人，語言簡潔，不亂發議論；而性情浮躁的人，滔滔不絕，卻言之無物。

一個人獨處的時候，話不多；與親人相處的時候，話也很少。但與朋友在一起時，話就很多，如果恰好異性朋友也在一起時，話就更多了，眞可謂標新立異，妙語連珠，語不驚人死不休。說到得意處，更是手舞之，足蹈之。

這一切都是因爲人有一種表現欲，或者表現一種氣質，或者表現一種才情，或者表現一種風度，或者表現一種智慧，總之是想表現一種優越感，掩飾一種自卑感；想表現自己某一方面長處的人，一定有某一方面的短處。

誇誇其談的人，本來是想表現自己的長處，可是他在表現自己的長處時卻暴露了自己的短處；他只知道談論的樂趣，卻不知道沉默的樂趣；只知道表演的樂趣，卻不知道觀賞的樂趣。

我們常常遇到這樣的情景，在一輛公共汽車上，一群女學生在那兒啷啷喳喳說個不停，她們中間沒有一個在聽，每個人都在說，盡說些陳穀子、爛芝麻的事兒，盡撿一些不痛不癢的話來說。與其說她們是說給同伴聽的，倒不如說是說給車上的乘客聽的，她們之間不構成聽衆。她們是在向乘客們表演，只不過表演的不是說話的內容，而是表演她們說話的神氣，眼睛的靈氣和小嘴巴——「嗯」——「啊」的嬌氣。

其實，所有的表現都可以如是觀之。

曾國藩年輕時，就是一個有很強表現欲的人。

有一天，曾國藩到陳岱雲住處，與岱雲談論詩歌。曾國藩「傾筐倒籮，言無不盡」，他把自己看到的，聽到的，想到的，一股腦地全部吐露出來，一直到半夜才回家。可是一回到家裏，他就後悔了，自己這樣天天沉溺於詩文，而不從戒懼、慎獨上切實用功，已經自誤了，難道還要以此誤人嗎？

第二天，馮樹堂來訪，於是也把陳岱雲約來。三個人聊備酒菜，暢談起來。馮樹堂與陳岱雲都很節制，只有曾國藩高談闊論，無休無止。所談的內容仍然是昨天晚上的話題，然而曾國藩卻反反覆覆，沾沾自喜。朋友散後，曾國藩又檢討起來，忘記了韓愈《知名箴》中的訓告，只重視外表，而輕視了內修，誇誇其談，幾乎成了每天的惡習啊！

曾國藩的長處就是他能反省自己。讓我們記住《詩經》中的一句話：「匪言勿言，匪由（法、道理、合理）勿語。」

勿好為人師

「人之患在好為人師。」孟子兩千多年前說的話意猶在耳。曾國藩聽過了，我也聽過了，相信你也聽過了，然而又有幾個人眞正聽進去了呢？

翻開《曾國藩全集》，洋洋一千五百萬言，該有多少箴言和警語，說不完的經驗教訓，道不盡的滄海桑田，曾國藩似乎把他的全部知識、智慧和才情記載了下來，其中不乏眞知處，深刻處，警醒處，但也多有教訓處。有對子侄的，兄弟的，部屬的，同僚的，甚至也有對皇上的。曾國藩在咸豐十年八月的一篇日記中寫道：

恭讀朱（皇上御筆）批，而戒余之師心（好為人師的思想）自用。念昔己亥年（道光十九年）進京，臨別求祖父教訓，祖父以一「傲」字戒我，今皇上又以師心戒我。當刻圖書一方，記此二端。

幸虧皇上疾病纏身，又內外交困，不然的話，重則大禍臨頭，輕則冷遇荒野。曾國藩得到皇上的如此御批，恐怕決非僅有的冒犯，從他自身的處世方式來看，受到皇上警告，實在是再自然不過的了。

曾國藩對子侄，只有教訓，沒有商討；對兄弟，商討得少，教訓得多；對同僚，商討多，但教訓也多。在家裏，他是門面，一言九鼎；在軍營，他是統帥，軍令如山；在省府，他是總督，昭示一方。可謂四處優越，八方權威。加之他性情耿介，祖父又教他男兒不可懦弱無剛，更憑添倔強之氣。於是乎養成了教訓人、指導人的習慣，至於他「師心」上奏，應該說也在情理之中。

習慣成自然啊！

天下喜歡教訓人、指導人的有三種：一是當官的，二是當教師的，三是責任心強的家長。這三種人或者由於職業的和心理的原因，都喜歡好爲人師，並不是他有意要把他人置於一個「下級」的位置，也不是他刻意顯示自己的高明和見識廣博，而是他養成了一種好爲人師的習慣。而這三種在我們的生活中是相當多的，所以好爲人師的人也爲數不少，我們甚至有理由懷疑每一個成年人都有好爲人師的陋習。因此，溫習一下孟子的語錄，會使我們獲知一些新的東西。

當然，在生活中也確有一些恃才傲物的人，他們總喜歡對別人的生活或工作指手劃腳，對這種好爲人師的人，可以奉上清代申居鄖的一句話：「才子多傲，傲便不是才。」

勿輕言人短

曾國藩說：「凡事後悔己之隙（過失），與事後而議人之隙，皆閱歷淺耳。」換句話說，凡事後議人過失，或者背後議人過失，都是涉世未深的表現。

「世」是什麼?世就是人，是人的眼睛、耳朵和嘴巴，是人的警惕、防備和反抗。每個人的內心都潛藏著黑暗的深淵，翻騰著永不止息的波浪，表面上大家一團和氣，一派春光明媚，可在私下卻春光鎖閉，一團漆黑。所以才有勾心鬥角，陰謀詭計，針鋒相對，豪奪巧取，稍有風吹草動，就會掀起軒然大波。所以荀子說，人性本惡。

你的心裏有多黑暗，別人的心裏就有多黑暗，你不能用黑暗去驅逐黑暗。言人過失，無論是事後議人，還是背後議人，都是以黑暗驅逐黑暗，在議論者那裏，可以得到片刻發洩的快感，但在被議論者那裏，得到的卻是永久的傷害；他會懷恨在心，伺機報復，不久你也將成爲被議論者，也將得到永久的傷害。

只有光明才能驅逐黑暗，你對人友善，人對你友善，你敬人一尺，人敬你一丈，你受人滴水之恩，才會湧泉相報。也許你對人有意見，有看法，你可當時指出，或者當面指出。而事後議人，已於事無補；背後論人，也於人無功。所以，對輕論人惡，古人是十分愼重的。三國時名人李秉說：「凡人行事，年少立身，不可不愼，勿輕論人，勿輕說事，如此則悔吝由何而生，患禍無從而至矣。」

清初山陰人胡兆龍就是一個不輕言人短的人。

那時，胡兆龍爲翰林院庶常。一天，同館的學士皆外出遊樂，唯胡兆龍在獨坐攻書。順治皇帝微行至此，屏聲站立其後許久，而胡兆龍專心讀書，竟未發覺。待胡兆龍偶然回首見到皇帝，大驚而起，伏身下拜。順治笑問其他庶常在哪，爲何只你一人在此。胡兆龍雖知其他學士行蹤，卻答道：

「諸臣習書已成，各有事回私寓。唯臣愚鈍，所學每後於人，只有私習以補其拙。」

順治笑道：「諸臣何事，惟博奕耳，現正在外面飲酒矣。」順治回宮後當即傳旨，升胡兆龍三級官職爲侍讀。

也許，順治並非獎勵他不言人短，而是在鼓勵他勤學苦讀；但胡兆龍不輕言人短，委實比他榮升三級更令人回味。

勿斤斤計較

曾國藩說：若想做一個好人，做一個完人，第一要在不貪財上下手。如果能做到不貪不吝，那麼就能夠使鬼服神欽，自自然然，見識日進，正氣日剛。否則的話，不知不覺墜入卑污一流，必定有被人看不起的那一天，不可不慎！

他還寬慰、告誡弟弟說：你們現在處於極好之時，家事有我一個人擔當，你們就一心一意做個光明磊落、鬼服神欽的人。待到名聲既出，信義既著，即使隨便答言，也會無事不成。所以不必貪財，不必佔便宜。

可見，曾國藩是把名譽和貪婪相聯繫的，貪婪的人，惡名加身；大度的人，清譽在外。一旦名聲遠揚，就可以不拘小節了。曾國藩的見識可謂高拔，甚至可以說有點狡猾，他把好名聲看成人的立身之本，本應正，源要清，不可本末倒置。然而這畢竟有點欺名盜世的嫌疑，曾國藩的心裏並不清純，相較之下，還是北宋時期的彭思永的行爲更寧馨可人，那時，他還不是進士，也沒有做官，只是一個孩子。

一天，九歲的彭思永正上學讀書，在家門外拾得一把金釵，於是默坐原地，等候失主。不久一官吏在此久久徘徊，一問，果然是金釵失主，彭思永便將金釵還給了他、那失主拿出數百錢表示感謝，彭思永堅辭不受。他說：「我若愛錢，金釵不是比這更多嗎？」小小年紀，竟有這種氣度，這個江西老表，眞是令人可親可敬！

彭思永不是聖人，他還是個童子，曾國藩也不是聖人，他已是一個大人，或許正因爲他是一個成年人，他才比彭思永想得更多，心思也更污穢。人啊！能否返樸歸眞，返老還童？

道光二十三年正月，曾國藩三十一、二歲，那時他修養還欠火候，思慮還欠深湛，胸襟也欠寬闊，爲一點小事，或者斤斤計較，或者大發雷霆。有日記爲證。

日記一：予與人往還，最小處計較，意欲俟（等）人先施，純是私意縈繞。克去一念，旋生一念。飯後靜坐，即已成寐，神昏不振，一至如此！

日記二：會客時，有一語極失檢（檢點），由「忿」字伏根甚深，故有觸即發耳。

日記三：飯後，語及小故（過去的事），予大發忿，語不可遏，有忘身及親之忿，雖經友人理論，猶復肆口謾罵，此時絕無忌憚。（馮）樹堂昨夜云，心中根子未盡，久必一發，發則救人之無及矣。我自蓄此忿，僅自反數次，余則但知尤（埋怨）人。本年立志重新換一個人，才過兩天，便決裂至此。雖痛哭而悔，豈有及乎？眞所謂與禽獸奚擇者矣。

日記四：車中無戒懼，意爲下人（僕人）不得力，屢動氣。每日間總是「忿」字，「欲」字往復，知而不克去，總是此志頹放（頹唐、放縱）耳！可恨可恥！

日記五：坐車中頻生氣，雖下人不甚能幹，實由懲忿（制怒）絕無工夫，遂至瑣細足以累其心。

由此可見，曾國藩確實有那麼一點斤斤計較，似乎缺乏一個學士應有的風度，他不僅知道自己的過失，而且還知道改正的方法，可他還是屢改屢犯，這大概是因爲曾國藩身體犯有嚴重的疾病，不然就是他的修養太差了。

和北宋大臣呂蒙正寬厚相比，曾國藩就顯得火氣太盛了。

那是呂蒙正初參政入朝，一朝士在簾內指著他說：「此子亦參政耶？」呂蒙正從簾前經過，裝做沒聽見。與他同行的人命人去問那朝士的官位和姓名，呂蒙正急忙制止。朝見過後，同行者仍憤憤不平，蒙正卻寬言道：「若一知其姓名，則終身不復能忘，固不如毋知也。不問之，何損？」大家深深佩服他的雅量。

小事應從大處著眼，得過且過，不可動輒得咎，大光其火，小事越計較，越見短拙，越沒意思。

攝政：致賢以養民

民為邦本，本固邦寧。
——《尚書》

內君子而外小人，君子道長，小人道消也。
——《周易》

凡居其位，思直其道；道苟直，雖死不可回也；如回之，莫如亟去其位。
——柳宗元

位愈高而益懼，思彌厚而增憂。
——姚崇

心中沒有天下，不可以做官；這不是野心，而是一種責任感。做官做到一定境界的人，不在官職的大小，權位的高低，而在於他做了哪些事；古往今來，沒有一個被人懷念的官員不是與他的業績緊密相聯的。大禹的治水，岳飛的抗金，鄭成功的收復台灣，林則徐的虎門銷煙……

所謂官，不是管束他人，使人服服貼貼，老老實實，而是管理事務，使人生機勃勃，人盡其才，萌發出創造的欲望和勇氣。人都有自己的長處，做官的人，不要怕部下的長處，不要怕他某一方面的長處；你越怕他的長處，就越是迴避他的長處，而他的長處正是你所需要的東西。

曾國藩做了大半輩子官，官越做越大，權越來越重，可是他越來越謹慎，越來越小心，越來越覺得自己不如人，越來越發現他人的長處。然而在他身邊薈萃了一大批有才華的人，其實，衡量一個官員的能力的大小，不是看他本人有多少本領，而是看他身邊聚集了多少有本領的人。

行政之道

做官的人，首先需要有政見或者施政綱領，那是對整個世界的看法，對整個時局的看法，對自己所領導的部門基本構想和設計；這見解或者從歷史中來，或者從經驗中來，或者從部屬中來，但不能沒有。官越大就越需要有見解，那是他的行為守則、思維準則和施政原則。

愛民

曾國藩出生在一普通的農戶人家，他與湘鄉農村有著廣泛深刻的聯繫，他了解農民的疾苦、願望和要求，他的部隊實際上是一支農民部隊，他正是依靠這支部隊打敗了太平天國軍隊的。

每個官員都來自民間。他並不是生下來就是部長或總統，在他做官之前，他要被淹沒一段時間，甚至很長時間；他當上總統，並不是他比別人更適合當總統，沒有他地球照樣轉，說不定轉得更好。曾國藩說「居官不過是偶然之事」，一旦下野，他也仍然是普通的一員。所以他從民間來，還歸民間去，民間才是官員的根本。

曾國藩說，養民是爲了民，設官也是爲了民，當官不爲民著想，那是我深深痛絕的。爲民不是一句空話，不是一曲愛民歌，不是做幾件事情擺擺樣子，而是要眞心實意地愛，愛字中間有一個「心」字，所以愛民就要出於「眞心」。

在給曾國荃的一封信中，曾國藩這樣寫道：

大抵與士兵和百姓交往，只要眞心實意地愛護他們，就可以得到他們的諒解。我之所以深得民心與軍心，就是因爲這緣故。在與官員和紳士交往時，即使心裡看不起某些人，也不能在語言上、表情上、禮節上表現出來，我之所以在官場上不得志，就是因爲常常表現出來的緣故啊！

儘管曾國藩與官員和紳士之間常常發生矛盾，這給他的仕途增加了不少麻煩，但由於他能眞心實意愛護軍民，所以還是能心有所想，事有所成。曾國藩的這種愛民思想應該說得益於他所受的儒家文化的影響。

在《尚書》、《禮記》、《論語》和《國語》中，民本思想已經很重，到了孟子，民本思想獲得了高度的發展。孟子說：「民爲貴，社稷次之，君爲輕。」這種以民爲貴的思想可以說是歷朝歷代明君實行仁政的基礎。孟子還說：「樂民之樂者，民亦樂其樂；憂民之憂者，民亦憂其憂。」想民之所想，急民之所急，這是獲得民心的法寶。得天下就要得民心，得民心就要「所欲與之聚之，所惡勿施爾也。」

曾國藩稱孟子爲「眞豪傑」，表示願意終身以孟子爲師，他的愛民思想，民本思想大概可以從孟子那裏找到根據。

上行下效

有什麼樣的君主，便有什麼樣的臣民：君主淸廉，臣民便淸廉；君主仁義，臣民便仁義；君主奸巧，臣民便奸巧；君主愚昧，臣民便愚昧。齊桓公喜歡穿紫色的衣服，齊國上下都喜歡穿紫色衣服，結果導致齊國紫色衣料價格猛漲。世風如此。

曾國藩說：「風正與否，則絲毫皆推本於一己之身與心，一舉一動，一語一默，人皆化之，以成風氣。故爲人上者，專注修養，以下之效之者速而且廣也。」

領導者，就是對他人產生影響的人，也許他的行爲算不上明智，他的語言算不得精妙，他的思想算不得高明，但他的所作所爲就是能對他人產生影響，他是以權力、地位和身份對他人發生影響的啊！

東漢時期，有一個叫張奐的人，任職安定屬國都尉。桓帝永壽年間，張奐率兵擊潰南匈奴的騷擾，使東羌少數民族聚居地得以安定。東羌豪帥感恩戴德，進獻良馬二十匹，金器八件。張奐一併收下，然後在衆羌人面前，酹酒起誓說：「使馬如羊，不以入廄；使金如粟，不以入懷。」宣誓完畢，把馬匹、金器全部退還給羌人。羌人無不稱讚他的清廉。

在張奐以前的八個都尉，都貪財好貨，逼得羌人暗中叫苦。張奐接任之後，正身潔己，遂使政令教化並行，風氣大變。

凡氣不正不可怕，可怕的是領導人自身不端正，己身不正，焉能正人？腐敗不可怕，可怕的是領導者自身腐敗。領導清廉，腐敗就沒有依靠，就沒有退路，就沒有保護傘；領導清廉，打鐵身硬，才會理直氣壯，無所羈絆，不爲物累。

北宋呂蒙正爲相，節制嗜欲。朝中有一官員家藏古鏡，自稱能照二里，想通過呂蒙正的弟弟進獻給他，以求升遷。呂蒙正笑著說：「我臉面不過鏡子大，安用照兩里？」呂蒙正的弟弟才不敢再說了。

諸葛亮說：「屋漏在下，止之在上。」所以說，下邊的流弊應該在上邊杜絕，作爲一個領導者就不能不端正自己的行爲，要知道自己的一言一行，一舉一動都會對社會產生影響，或者是好的，或者是壞的，能不謹慎嗎？

任用何人

曾國藩說：「治世之道，以致賢養民爲本。」他一向以相人、識人、知人，用人著稱於世。《新書·大政下》中說：「君功見於選吏，吏功見於治民。」國君的功績表現在選拔官吏，官吏的功績表現在治理人民。曾國藩不是國君，但他極善於選拔人才，使用人才，這可以說是他的最大本領。那麼，曾國藩選拔人才的標準是什麼呢？

委任官員的標準，曾國藩認爲有如下四點：

一是習慣勞苦以盡職盡責，一是崇尙儉約以培養廉潔，一是勤學好問以拓展才能，一是戒傲戒惰以糾正風俗。所以委任一個官員一要看他是否「做」得，二要看他是否「省」得，三要看他是否「學」得，四要看他是否「禁」得。他著重考察的是人的品質、習慣、才學和意志。

他考察一個紳士的標準也有四條：

一是保持愚儒以蔭庇鄉里，一是崇尙廉讓以奉公守法，一是嚴禁大言以務求實際，一是擴展才識以等待選用。曾國藩在使用紳士時有一個秘訣，那就是給他們一點名利，但不說破，用這種辦法可以培養他們的廉恥之心。

這是選拔人才的標準，那麼如何管理人才呢？

曾國藩認爲，管理人才不外四個方面：

一是廣泛收羅，二是謹愼任用，三是勤於教導，四是嚴格約束。可見曾國藩對使用的人才並不放心，實行的是比較嚴格的控制管理。不妨把它與宋代司馬光的管理比較比較。司馬光說：「凡用人之道，采之欲博，辨之欲精，使之欲適，任之欲專。」司馬光對人才的管理是先緊後鬆，也就是對人才的考察是嚴格的，但使用人才時是放心的。所以他的管理比曾國藩的管理要民主一些，信任度也大一些，權力下放得也多一些，這樣反而會使下級發揮自己的才幹。而曾國藩的管理是一種專制式的，始終都是緊的，沒有信任感。即使是對李鴻章這樣的學識英博的大才，他也十分嚴厲。

曾國藩有一制度，每天黎明幕僚要一起吃飯。李鴻章初入幕府，仍不改少年氣習。一天，因疏懶未去。片刻間就有差官、巡捕連連來催，傳「必待幕僚到齊後才能吃飯」。李鴻章慌忙披衣而往。曾國藩始終沒有說一句話，吃完飯，曾國藩才正色道：「少荃！既入我幕，我有言相告，此處所尙，惟一『誠』字。」李鴻章爲之悚然。

師夷長技以制夷

自一八四〇年起，中國就飽受外國列強的入侵，無數不平等的條約壓得中國人喘不過來，有識之士都在思考徐圖自強的救國方略。比曾國藩年長十七歲的湖南邵陽人魏源提出的「師夷長技以制夷」的救國強國主張，這主張像閃電霹靂一般耀眼驚心，得到了海內外有識之士的強烈反響，曾國藩是將這一主張變為現實的最早的先行者之一。

同治元年，中國最早的機器製造局在曾國藩的手下誕生，炮廠也興辦起來了，曾國藩的日記對此多有記載。同治元年七月的一則日記就記下了他觀看火輪船的試演情境：「其法以火蒸氣，氣貫入筒，筒中三竅，閉前二竅，則氣入前竅，其機自退，而輪行上弦；閉後二竅，則氣入後竅，其機自進，而輪行下弦。火愈大，則氣愈盛，機之進退如飛，輪行亦如飛。」前後試驗了一小時，曾國藩喜不自禁；我暗喜洋人的智慧技巧，我們中國人也能做出來，他們再也不能因我們無知而輕傲我們了！可別小看了這台機器所發出的聲音，這可是中國近代洋務運動的先聲啊！

曾國藩說：尋求自強的道路，總的來說應以整頓政務，尋求賢才為當務之急，以學習製作槍炮，製造輪船為入手工作。只要洋人長處我們都有，他們順服我們報以恩德有器械，他們反對我們報以怨怒也有器械。

曾國藩說：如果我們沒有器械作爲依靠，那麼理曲固然有罪，理直也仍然有罪；怨恨他們有罪，施以恩德也有罪。人人獻媚洋人，我們沒有能力制服他們；人人仇視洋人，我們也沒有辦法利用他們。

這些都是從現實中獲得的慘痛的經驗和教訓，即使在今天也沒有失去它的認識價值。是啊！沒有強大的國防，沒有強大的綜合國力，中國就擺脫不了受制於人的被動局面，就會生活在別人的陰影之中，中華民族屹立於世界民族之林就永遠只是一個輝煌的夢想。

如何做官

做官的樂趣和滋味不在於做了什麼官，而在於如何做官，有沒有做官的心得體會。有人做了一輩子官，也有不少心得體會，但他的樂趣是在官上，而不是在做上，終其一生，也說不出做官的子丑寅卯，當然也沒有領略做官的奧妙。曾國藩不僅官做得大，心得也多，他是一個懂得做官的酸甜苦辣的人。

耐煩第一

做官就是要處理很多麻煩事。有的人處理一件麻煩事可以，處理兩件麻煩事也還能行，但遇到三件或三件以上的麻煩事就耐不住了；有的人遇到一件小的麻煩還可以，一旦遇到大的麻煩就挺不住了；有的人處理別人的麻煩事還可以，一旦自己遇到麻煩就受不了了。

當官之所以煩人，就是因爲麻煩事往往一件跟著一件，推也推不脫，躲也躲不掉，難得清靜，難得自己，難得瀟洒，爲什麼說「無官一身輕」呢？就因爲沒有那麼多的麻煩事情。

所以做官要修養心性，第一件事就是訓練自己處事不煩，不急不躁，無怨，清醒。頭腦清醒才能保持安靜，保持安靜才能穩住部下，穩住部下才能做出決斷。不然的話，心急似火，性烈如馬，只會使事態的發展更加混亂。

耿恭簡告誡曾國藩：「居官以耐煩爲第一要義。」曾國藩以爲做官如此，帶兵亦然。有一天，曾國藩接到曾國荃的一封信，信中說：「仰鼻息於傀儡膻腥之輩，又豈吾心之所樂。」曾國藩諄諄告誡弟弟說，這已經露出了不耐煩的苗頭了，將來恐怕難以與人相處。能耐煩的好處就是從容平靜，從容平靜方能產生智慧，方能處變不驚，才能安穩如山。

同治三年，曾國藩率部隊追擊捻軍。一天夜晚，兵駐周家口（今江西萬載縣），湘軍擴衛僅千餘人，捻軍突然來襲，湘軍開始不耐煩了，驚懼不已。幕府文書錢應溥急忙向曾國藩說：「現已半夜，力戰肯定不行，突圍恐怕危險重重。但若我按兵不動，佯爲不知，彼必生疑，或許不戰自退。」曾國藩於是高臥不起，錢應溥也鎮靜若常。守護曾國藩的衛兵見主帥若無其事，於是也都平靜下來，恢復常態。捻軍見狀，果然懷疑曾國藩佈有疑兵，徘徊不定，不敢冒進，最終匆匆撤去。

居高位之道

身居高位，權力和地位炙手可熱，不知有多少人伸手試火，栽進了身家性命。

曾國藩做了很多年的高官，深知個中三昧，他以爲居高位之道，大約有三個方面：

一、不與，也就是不參與。處高位的人往往喜歡參與，顯示自己的權威，或者顯示自己的才能，或者顯示自己的存在，似乎自己無所不能；每一工種，每一行當，都要出面講講話，做做文章。他不知道自己做多了，他人就做得少了；自己的才能太顯露了，他人的才能就發揮得少了。他做領導不是要和他人比試才能，而是要讓他人發揮才能。《尚書》說，對司法方面的事，不要越俎代庖，要讓有關的官員去治理。曾國藩引用《論語》的話「巍巍乎，舜禹之有天下也，而不與焉」，他解釋說：這好像說的與自己毫無交涉啊！

二、不終，也就是不善終。古人說：「日愼一日，而恐高位不終。」爲什麼一天比一天謹愼，不就是怕不得善終嗎？曾國藩感嘆道：「居高履危而能善終者鮮矣。」林則徐也喟然長嘆：「做官不易，做大官更不易。地位益高，生命亦危。」一般人只看到了身居高位的人處於花團錦簇之中，而沒有看到他們正處於荆棘、陷阱和泥淖之中，他們正處於各種矛盾漩渦的中心，稍有不愼，就會遭遇殺身之禍。即使沒有殺身之禍，倘若官做得越久，那麼他的弱點就暴露得越充分，他被天下所恥笑的把柄也就越多。這樣的例子還少嗎？曾國藩說：「處大權大位者，而兼享大名，自古曾有幾人能善終其末路者？總須設法將權位二字，推讓少許，減去幾成，則晚節漸漸可以收場耳。」

三、不勝，也就是不勝任。古人說：「驚心動魄啊！好像朽索駕馭著六匹烈馬；萬分危懼啊！彷彿將要墜入無底的深淵。」這就是惟恐自己不能勝任。方望溪說漢文帝做皇帝，時時謙讓，好像不能安居，不就是說的不能勝任嗎？孟子說周公遇到與自己有不合的人，他就仰而思之，夜以繼日，不也是擔心自己不能勝任嗎？為什麼曾國藩總是如臨深淵，如履薄冰，他總是瀟洒不起來，得意不起來，不也是擔心自己不能勝任嗎？

招之即來，揮之即去

人們都說郭子儀功高望重，但他自己招之未嘗不來，揮之未嘗不去。曾國藩感慨道：我今日所處，也不能不如此啊！

既為人臣，則當聽命人君。曾國藩作為朝廷的命官，他雖然也敢於上諫，表示不願唯唯諾諾，但在重大原則問題上，他還是唯命是從的。皇上要他辦團練，他就去辦團練；皇上要他打武昌，他就去打武昌；皇上要他赴天津，他就赴天津；皇上要他滅捻軍，他就去滅捻軍。儘管有時他做得很勉強，很不情願，但他還是竭力去做。就像歐陽修那樣：「如有差事，盡心向前，不得避事。」

不得避事，這正是曾國藩作為人臣的信條。林則徐也說：「知難而退，此雖保家保身之善謀，然非人臣事君致身之道也！」敢於當事，勇於承擔責任，曾國藩不滿綠營軍的就是他們有功便搶，有難便逃。在他得知曾國荃想延長休假時，他寫了這樣一封信：

「天下紛紛，沅弟斷不能久安，與其將來事變相迫，倉卒出山，不如此次仰體聖意，假滿即出。餘十五之信，四分勸行，六分勸藏，細思仍是未妥。不知兄弟盡力王事，各懷鞠躬盡瘁，死而後已之志，終不失爲上策。沅信於毀譽禍福置之度外，此是根本第一層工夫，到處皆坦途矣。」

鞠躬盡瘁，死而後已，這就是曾國藩作爲人臣的最高理想，這就是他爲什麼在岳州、靖江、湖口三次大敗以後投河自盡的原因。表面上是他兵敗後無顏見江東父老，內心裡卻是儒家文化的薰陶所致。他要以死報國，以身全志。《禮記》中說：「國君死社稷，大夫死衆，士死制。」大丈夫就是要爲忠於職守而獻身，元稹不是說過這樣一句話嗎？——效職無避禍之心，臨事有致命之志。

所以，曾國藩表示：「不帶勇則已，帶勇則死於金陵，猶不失爲志士。」他還以袁簡齋的一句詩勉勵自己：

男兒欲報君恩重，死到沙場是善終。

大清朝有他這樣的臣子是一種幸運，而太平軍有他這樣的敵人則是一種不幸。

豈敢唯唯諾諾

曾國藩說，我在忝竊高位，也想忠直報國，不敢唯唯諾諾，阿諛奉承，以求容身，惟恐這樣做會玷污宗族，辜負了大家的一片期望。

在晚清大臣中，曾國藩的直諫是出了名的。他並不想出風頭，甚至覺得這樣做十分危險，但作爲臣子，他認爲這就是忠誠，就是盡自己的本份。荀子說，忠誠有三個等級，大忠、次忠和下忠，無論是哪一種忠誠，都要有利於君主；但忠誠並不是一味的隨聲附和，如果君主的政策和行爲發生錯誤，就應該大膽陳言，加以規勸。

但大膽進言具有很大危險性，一語不愼，輕則導致皇上疏遠，重則導致殺身之禍，歷史上由於大膽直言而觸犯龍顏遭罹殺身之禍的人和事太多了，所以曾國藩每次出於忠心上諫，但仍心有餘悸。

咸豐元年五月二十六日，曾國藩上一道諫疏，敬陳皇上預防流弊。事後曾國藩談了自己的感受：

我諫疏的言詞非常激切，而皇上氣量如海，尚能容納，這難道是漢唐以來的君主所能比擬的嗎？我想，自己受恩深重，官至二品，不爲不尊；父母被皇上誥封三代，兒子也蔭任六品，不爲不榮。如果這種情況還不能盡忠直言，那要等到什麼時候才能建言呢？皇上的美德乃自然天稟，滿朝文武竟然不敢有一句逆耳之言，將來萬一皇上一念之差，產生了驕傲自滿的思想，並且逐漸發展到只喜歡聽奉承話，而厭惡聽任何逆耳忠言，那麼今天的文武大臣都有不可推卸的責任。所以我趁皇上元年新政伊始之時，把這驕傲自滿的機關說破，以便使皇上兢兢業業，斷絕驕傲自滿的苗頭。這是我的區區本意。

現在人才缺乏，民心不振，大家都在小事上謹謹愼愼，在大事上卻馬馬虎虎，每個人都習慣了唯唯諾諾、阿諛奉承的風氣。我想用這篇諫疏稍稍挽救一下江河日下的風氣。希望朝中的大臣們能耿直起來，遇事誰也不敢推脫。這是我想表達的另外一個意思。

折子遞上去時，我恐怕會冒犯皇上的不測之威，因而早已將福禍置之度外。不料皇上慈顏含容，不僅不治我的罪，而且還賞賜了我。從此以後，我應更加盡忠報國，不再顧及自己和家人的私利了。不過以後折奏雖多，但斷不會再有現在這樣激切直率的奏折了。

曾國藩的上諫，恰如《晏子春秋》所說：「忠臣不避死，諫不違罪。」至於他因禍得福，那是意料之外的事情。

做官不驕不奢

明朝大將戚繼光說：「居官不難，聽言爲難；聽言不難，明察爲難。」曾國藩不僅能「聽言」，也善於「明察」。

曾國荃給哥哥寫了一封信，說了很多奉勸的話，曾國藩當即寫信表示讚賞：古代君主有諍諫的良臣，今天兄長有諍諫的賢弟。我近來做官太高，虛名太大，我常常爲聽不到規勸諷諫而深深憂慮。如果九弟果眞能隨便什麼事情規勸諫阻，再加上一二位嚴厲可怕的朋友，時時以正言相勸相勉，這樣我就內有耿直的弟弟，外有敬畏的朋友，那麼我也許能避免大的災難啊！凡身居高位的人，誰不敗在自以爲是上！誰不敗在厭惡聽到正直的進言上！

曾國藩勸誡曾國荃：身居高位，不可驕傲。但曾國荃總是聽不進去，曾國藩不得不又給他寫一封信：「你對我的勸戒，總是不肯虛心體驗，動輒辯論一番，這最不可取。我們身居高位，萬衆矚目，不可不愼。大凡總督巡撫總以爲自己是對的，別人是錯的，自滿自足。君子過人之處，只在虛心而已。不但我的話你要細心尋思，而且外面所有的逆耳之言，你都應該平心考究一番。所以古人認爲，居上位不驕極難。」

做官的人，做大官的人，做官做久了的人，一容易驕傲，二容易奢侈，有時不一定自己想這樣，而往往是別人迫使自己這樣。曾國藩就遇到過這樣的事。

一天，曾國藩的屬下李翥漢說，他依照李希帥的樣式打了一把銀壺，可以炖人參，可以煮燕窩，花費了八兩多的白銀。曾國藩聽說後深深感到愧悔。他說：「現在百姓都吃草根，官員也多屬貧困，而我身居高位，驕奢如此，並且還竊取廉潔節儉的虛名，眞是令人慚愧得無地自容啊！以後應當在這些方面痛下針砭的工夫！」

還有一天，魁時若將軍與曾國藩談心，說他家四代都是一品大官，而他家的婦女並沒有穿戴綢緞軟料。這給他很大震動，他反省自己，平日常常以「儉」字教人，而近來在飲食起居卻「殊太豐厚」；自家的婦女在穿戴上也過於講究了。他「深恐享受太過，足以折福」。

曾國藩能接受他人的諍諫，可以說是能「聽言」；他認識到身處高位，不可驕傲和奢侈，可以說是能「明察」。既敢「聽言」，又善「明察」，這樣的大官不能說很多。

經驗與體會

既閱歷豐富，又善於思考，這種人往往具有博洽的人生經驗，曾國藩就是這種人。早年他沉浸在程朱理學中，還有那麼一點抽象的玄思，後來做官以後，他就變得異常現實了。由於有早年的思維訓練，所以他很善於將現實昇華爲一種經驗性的東西：它從現實中來，又指導著現實，具有很強的針對性。因此他做官的經驗與體會常常被人們研究，奉爲圭臬；人們從中發現了曾國藩，也發現了自己，並且找到了自己常常面對又難以解決的問題的方法。

不干預公事

做官的人，比一般人辦事方便得多；做大官的人，往往他想都沒有想到，就已有人幫他把事辦好了。不僅他自己是這樣，就是他的家人往往也是一言九鼎，頤指氣使，翻手爲雲，覆手爲雨，無限風光盡被占。這就叫一人得道，雞犬升天。所以位高權重的人，就不能不對自己的行為特別小心，包括對自己家人的言語也當格外謹慎。

曾國藩涉世很深，觀人極廣，謹慎異常。

由於他的處境，他的身份，他的地位，他的為人，自然很多同鄉會去找他商量，一旦找他，也都是一些危急的事情，事情一危急，自然會有幾分棘手。曾國藩遵守的是祖父的做法：「銀錢則量力相助，辦事則竭力經營。」這是一種很智慧、很圓融、也不失體面的做法。他也希望家人也都這麼做，但有一條是不得違背的，那就是家人莫干預公事。

早在道光年間，他的囑咐家人，千萬不能到衙門裏說公事。如果闖入衙門，一方面有失鄉紳的氣度，一方面也使曾國藩蒙受羞悔；一方面會使地方長官難堪，一方面也會被地方長官所鄙薄。所以即使自家有事，情願吃虧，千萬不可與他人構成爭訟，以免被地方長官懷疑為仗勢欺人。

到曾國藩任兩江總督時，權勢更大了，曾國藩也更加謹慎。他在給曾國荃的一封信中寫道：

「捐務公事，我的意思是老弟絕不說一句話爲妙。大凡人官運極盛的時候，他們的子弟經手去辦公務也是格外順手，一唱百和，一呼百應。然而閑言碎語也由此而起，怨恨誹謗也由此而生。所以我們兄弟應在極盛之時預先設想到衰落之時，在盛時百事平順之際預先考慮到衰時百事拂逆之際。弟弟你以後到長沙、去衡州、回湘鄉應把不干預公務作爲第一重要的原則。這是爲兄我閱歷極深之言，望弟千萬銘記在心。」

曾國藩畏天但不怕天，畏死但不怕死，他怕的就是他人的嫌疑、閒言和怨謗。他和曾國荃在一個部隊，這是一種很特殊的關係，一榮俱榮，一損俱損，曾國藩尤其謹慎。他對弟弟說，我出任地方官，如果僅帶一個親弟弟在身邊，那麼好事未必見九弟之功，壞事必專指九弟之過，不可不愼。如何處理這處關係呢？曾國藩寫了一副對聯與弟弟共勉：

為平世之官，則兄弟同省，必須迴避；

為勤王之兵，則兄弟同行，愈覺體面。

心口如一，直言其事

在官場中，有些觀念是沒有定準的。

很多事情，大家都心領神會，心有靈犀，心照不宣。不明白這一點，誰就是傻子；明白了這一點還要去點破，誰就是傻子；以爲只有自己明白，別人都不明白，誰就是最大的傻子。曾國荃就當了一回這樣的傻子。

爲了打下金陵，曾國荃嘔心瀝血，身心憔悴，不就是爲了拜相封侯。胡林翼知道，李鴻章知道，左宗棠知道，他們只能按兵不動，只能眼睜睜地看著這顆又大又甜的桃子掉在曾氏兄弟的手中。可是那個不知趣的李泰國將要把輪船開進長江裏，這可急壞了曾國荃。於是曾國荃上疏皇上，輪船不必進入江河，只宜在海上巡邏，防禦海盜。曾國藩聽了心裏很不是滋味。他給弟弟寫了一封信：

你是怕李泰國到金陵攪亂局面，搶奪功勞，爲什麼不以實情剴切相告？十年苦戰，卻讓外國人以數隻輪船奪去了勝利果實，使我忠義將士心灰意冷，使我中華臣民氣節受侮，這樣的話都可如實上奏。心中本來想說這一件事情，上疏時卻在另一件事情上危言聳聽，這是道光末年督撫的陋習，欺蒙宣宗可以，文宗就難欺蒙了，現在更不能欺蒙了。

七條輪船入江一事，我已上奏過三次，詢問過兩次，就是不准李泰國幫助圍剿金陵、蘇州。李鴻章也曾兩次上書恭親王，想必恭親王定會心懷內疚。只是太平軍還沒消滅，不想再樹一個大敵，所以隱忍下來出此一計。君相都把我們兄弟視為心腹，而弟弟你上疏卻言不由衷。恐怕朝廷會懷疑我們兄弟意見不合，甚至會懷疑你善用權術。

曾國藩擔心的是怕朝廷懷疑，而這是曾國荃從未想到過的啊！他多次告誡弟弟「天道忌巧」，不要使心眼，玩陰謀，耍詭計，說的就是以誠相待。

所以心口如一，表裏如一，言行如一，這是對待聰明人的最好的辦法。

恩威並舉

為政之人，既要寬大為懷，又要威猛相加，既要菩薩心腸，又要怒目金剛。寬緩調和，是攻心，是謙讓，是春風化雨；威風凜凜，是攻身，是高壓，是雪上加霜。無論是那一種手段都要使人順服。

孔子可以說是仁至義盡了，但他也有殺少正卯的時候。曾國藩早年在長沙大開殺戒，不就是爲了擺脫書生意氣，溫文爾雅的形象，不就是爲了向世人顯示他的金鋼鐵骨。也對曾國潢說，我和國荃在外面以殺人爲業，你在家裏應以活人爲本，這樣我們兄弟就可以相反相成，不也是向世人顯示曾氏家族恩威並舉。殺人殺多了，他對曾國荃說，應在殺人中寓有止暴的意思。他的「悔」字訣，不就是一個恩字，他的「硬」字訣，不就是一個威字。曾國藩說：「天道不能有舒而無慘，王政不能有思而無威。」

新莽年間的劉秀可以說深得其中之道。

新莽末年，赤眉軍因饑荒撤出長安，向東而進，經過宜陽時，遇到了早在那裏守候的劉秀大軍，因而驚慌不已，於是派劉恭去向劉秀乞降。劉秀命令所屬各郡供應糧食，使十餘萬饑餓不堪的赤眉軍得以飽腹。

第二天，劉秀在洛水岸邊舉行盛大的閱兵式，並對樊崇、徐宣等赤眉將領說：「你們後悔嗎?如果心裡不服，我把你們送回營壘，讓你們率領部隊，重新拿起武器，我們鳴鼓列陣，一決勝負。我不想強迫你們屈服。」徐宣等人連忙叩頭謝罪。

劉秀接著又說：「你們以前大逆不道，所過之處，殺人放火，搶劫一空。毀人宗室，掘人墳墓。但你們還有三個善良的方面：一是你們攻城掠地，周遊了大半個中國，並沒有拋棄從前的妻子；二是擁立的皇帝是漢室的後裔；三是別的寇賊擁立君王，危急時就殺他而降，以示自己的誠意和功勞，而你們只是將劉盆子活著送給了我。」於是命令赤眉將領與妻子居住洛陽，賞賜每人房子一棟、田地二頃。

就這樣，劉秀一恩一威很快降服了人多勢衆的赤眉軍。

處理政事的方法

曾國藩爲政多年，積累了大量的處理政事的經驗。他每天處理的事情都很多，如果不及時處理，就會造成積壓與擱置。他規定自己，每天早上列出當天應辦的事情，當天辦完。如農家早起分派當天的農事一樣。如果每天的事情做做完了，這樣或許積壓就少了。這還只是具體的辦事風格，曾國藩還有一些抽象的辦事方法。他歸結爲四點：

一、條分縷析。

從政的人往往有這樣的體會：閒起來閒得要死，忙起來忙得要命；清閒的時候，還可以從從容容，忙碌的時候，就顯得焦頭爛額。當很多事情一起湧現，就要臨陣勿亂，要把各種事務集中起來，分清主次，分清輕重，分清難易，分清緩急。即使是辦一件事情，也應該用這樣的方法，抓住主要的、重要的、難度大的、緊急的，其他的問題也就迎刃而解，不僅信心十足，也會輕鬆自如。

二、相互關聯。

世上萬事萬物都是有聯繫的，很多人看不到這一點，辦起事來，往往只是孤立地去做一件事情，結果牽一髮而動全身，由於一件事情沒有處理妥當，導致其他幾件事情陷入被動的局面。所以做一件事情，就應想到它的前後因果，左右羈絆，上下影響。一件事情辦不好，其他事情也不會辦好。曾國藩說：「大凡辦一件事情，其中常常有互相曲折交匯之處，如果一個地方不通，那麼處處都會受到牽制。」

三、詳細思考。

曾國藩辦事很謹慎，這主要表現在深思熟慮上。如果對所辦的事情沒有周詳的思慮，不僅所辦的事情辦不成，往往導致功虧一簣。李續賓和曾國華在三河鎮全軍覆沒，就是思慮不詳所致。曾國藩怕文官不勇敢，怕武官太粗率，他總是反覆叮嚀。他自己辦事也力圖考查詳備。比如怎樣辦好鹽務，曾國藩有兩句話，太平之世：出處防偷漏，售處防侵占；亂離之世：暗販抽散厘，明販收總稅。這就把不同時期，不同地點，不同方式，不同策略考察得清清楚楚，交待得井井有條。

四、遵守原則。

辦事一定要講原則，沒有原則就失去了辦事的尺度，也失去了檢查的標準。和稀泥，踩西瓜皮，都於事無補，反而會把事情越辦越糟。比如軍中吃飯宜早，就是一個原則，不能因爲李鴻章是他的學生就可以寬容。有了原則就一定要遵守，不能內外有別，親疏有別，君臣有別。

騎虎難下怎麼辦？

晚年的曾國藩心情十分矛盾，他不想做官，可又不能不做；他想上疏請辭，可語氣又不能太硬，可語氣不硬，又怎麼獲得恩准；即使獲得恩准，萬一戰事又起，他不也還是被征召嗎？前後不能，進退兩難，怎麼辦呢？

曾國藩爲什麼不願做官，他有三條理由：一是「督撫不易做，近則多事之秋，必須籌兵籌餉。籌兵則恐以敗挫致謗，籌餉則恐以搜括而致怨。二者皆易壞名聲。」二是自己「用事太久，恐中外疑我兵權太重，利權太大，不能不縮手以釋群疑。」三是他認爲「凡做大官，處安榮之境，即時時有可危可辱之道，古人所謂富貴常蹈危機也。……平世辭榮避位，即爲安身良策。亂世辭榮避位，尙非良策也。」

於是他上疏告病請求退休，李鴻章聽說後寫信告訴老師：「奏章的語氣不可太堅決，這樣除了讓人覺得痕跡太重沒別的用處，而且未必馬上就能退休，即使退休一二年，其他地方若發生戰爭，仍然免不了被皇上征召，到那時就更加進退兩難了。」曾國藩覺得他學生的這些話都切中事理，這使他陷入思考之中。他想到了這樣一個辦法，他在一封信中寫道：

「我決計今後不再做官，也不打算回老家享清福，只求在軍營中照料雜事，維繫軍心。不居高位，不享大名，這樣或許可以避免大禍大謗。如果遇上小小的凶咎，我也只將聽之任之。」

在給弟弟曾國荃的信中，他也陳述了不能逃避的看法：

「我們兄弟蒙受國家厚恩，享有赫赫大名，終究不能退藏避事，也只好像以前所說的那樣，將禍福毀譽置之度外，坦坦蕩蕩，行法俟命而已。

曾國藩只求能將自己閑置起來，不進不退，不露不藏，這樣既可以消除心腹們的後顧之憂（李鴻章之所以不願曾國藩退休，不就是怕失去他老師這一靠山嗎？），也可以避免其他同僚的閒言碎語；既不至於讓皇上為難，也不至於讓自己處於被動之中；既可以保持自己的晚節和清譽，又可增加自己的體恤皇上的名聲。眞是一箭數雕！

心靈低語

夕陽無限好，只是近黃昏。曾國藩晚年怕是沒有這樣的心境，他的心靈深處被一種沉重的憂鬱裹挾著，不爲別的，只因做官太大，做官太久，名聲太顯赫，他多麼害怕那種雲飄空中的感覺，他多想回到那堅實的地面。然而他欲罷不能，他甚至想到了死，可是死就那麼容易嗎？

住茅屋的總督

「官階日益進，心憂日益深。」清代學者紀昀的這句話曾國藩大概體會尤其獨特，在別人或許會覺得虛僞，在曾國藩卻字字是淚啊！

曾國藩說他「無處不疼心，無日不懼禍」，相信嗎？他說，我「所過之處，千里蕭條，民不聊生」，他一定體會到了曹操寫作「白骨露於野，千里無雞鳴」時的心境，不然，他能說出這樣的話嗎？處在亂世，身居高位，掌握著廣大軍民的生殺大權，幾乎是人生的一大不幸啊！

一般人羨慕總督巡撫的榮耀，不外乎宮室、衣服、富裕和尊貴，而曾國藩所住只有軍營的茅屋三間，瓦屋一間，所穿的衣服比起當年在京城時還要節儉得多。不是他不能住得好一點，穿得好一點，而實在是他不敢、不願、不忍啊！他說：

從冬至夏，常有十幾萬敵軍環繞在祁門的前後左右，幾乎沒有一天不打仗，幾乎沒有一路不梗阻。白天沒有美食，夜晚常做惡夢。軍餉拖欠達五、六個月之久，士兵的生活異常艱苦，我實在不忍心一個人過富裕的日子。所以近年來我不敢往家裏多寄銀錢，也不敢給宗族鄉黨一些潤澤，這並不是虛僞矯情，一則是因爲我親眼看到士兵窮窘異常，二則是想到從高祖父、曾祖父以來，我家世代寒素，我雖然享受了祖上的蔭德，但我不想享受過多，以便爲自己存惜福之心，爲家族留不盡之澤。

這就是曾國藩的眞實想法。

曾國藩覺得自己才識淺薄，卻久居高位，爲了避免大災大難，所以他才兢兢慄慄，不圖安逸，不圖豐豫，崇尙勤儉，追求廉潔。他以爲只有這樣才是載福之道。這是人人都可以做，但不是人人都願意做的事啊！

這正如趙鼎所說：「凡在仕官，以廉勤爲本。人之才性各有短長，固難勉強。唯廉勤二字人人可至。廉勤，祈以處己；和順，所以接物。與人和則可以安身，可以遠害矣。」

曾國藩不一定見過趙鼎這席話，但他所想與趙鼎所言是那樣驚人的一致。

宦海可畏

曾國藩獨白：諸事棘手，焦灼之際，未嘗不想乾脆躺在棺材裏算了，也許比活在世上更快樂。越這樣想，焦慮越多，公事越繁，而長夜快樂之期更是杳無音信。可是在這種時候，我又被升爲大學士，責任越重，事務越多，被人指責也就越多。世人都以官至極品爲榮，而我現在眞是把它當作苦惱的處境。然而時勢如此，決不能置身事外，也只有當一天和尚撞一天鐘了。宦海眞是煩人！

我的情況如此，沅弟你的處境也不妙。你在山西，雖然淸靜，但麻煩也不少。山西號稱天下富國，然而京城的銀餉，大部分來自山西。厘金還沒有改動，收入款項與道光年間相差無幾，而開支款項則比以前大爲增加。山西離京城又近，銀錢帳目的一絲一毫戶部都清清楚楚。沅弟有開銷太大的名聲，現在既然擔任沒有戰亂的平靜省份的巡撫，那麼在正務、雜務的各項款項就不能不謹愼節儉，帳目上絲絲入扣。

外界正在擬議讓老弟再次出山，赴任之處一定是軍務棘手的地方。現在山西雖然還沒有賊寇活動，但是聖上擔心捻軍進入山西，逼近京城一帶。老弟此番上任，似乎應多帶得力的將軍，勇丁則就近在山西招募。南方人吃不慣麵食，山西尤其買不到稻米，不像直隸、山東兩省，還可以由大海或河運設法轉運。弟弟來京，可以從安慶登陸，到徐州與爲兄相會，暢談一番。聽說欽差大臣到達山西，實際上是到陝西查辦霞仙一案，眞是一波未平，一波又起，宦海眞是可畏啊！

曾國藩比曾國荃年長十四歲，當他四十多歲國荃也才三十，當他五十多歲國荃方逾四十，所以曾國荃總是比哥哥血氣更旺，鬥志更強。曾國藩看在眼裏急在心上，血氣一旺，遇事就欠冷靜，就往最高處想，就不計後果，總以爲自己是對的，別人是錯的。於是麻煩也就接連不斷。

當弟弟率兵收復了兩個省之後，曾國藩便給弟弟寫了一封信警醒他：

「你收復了兩省，功績絕對不能磨滅，根基也極爲深固。你只擔心不能飛黃騰達，不擔心不能安命立身；只擔心日子不穩適，不但心歲月不峥嶸。從此以後，你只從波平浪靜處安身，莫從掀天揭地處著想。」但這是不是說，曾國藩是一個自甘平庸的人呢？他將心比心地說：

「我也是一個不甘心於庸庸碌碌，無所作爲的人，近來閱世千變萬化。所以我一味在平實處用功夫，不是萎靡不振，而是因爲地位太高，名聲太重，如果不這樣，那麼處處是危途。」

曾國藩產生這種心理，是在攻克金陵之後。打下金陵，本是蓋世之功，這是曾氏兄弟朝思暮想的事情，也是令李鴻章的淮軍，左宗棠的楚軍垂涎欲滴的事情，似乎應該歡天喜地，可曾國藩憑添了一份憂慮。這主要是因爲曾國藩在打下金陵之後在三件事情的處理上失策所致，一是幼天王洪福下落不明，二是太平軍將領李秀成被先斬後奏，三是太平天國的巨額財富無影無踪。

關於洪福的下落，曾國藩曾有兩次奏報，先說「城破後，僞幼主積薪宮殿，舉火自焚」，後又說：自焚之事，茫無實據，估計從缺口逃出，「經騎兵追至湖熟，圍殺淨盡」，可事實並非如此。幼天王突圍後仍在活動。朝庭嚴令從重處罰造成幼天王逃逸的有關人員，這已使曾國藩十分尷尬，再加上左宗棠頗多詆毀的據實奏報，曾國藩無疑雪上加霜。

關於處死李秀成，曾國藩的理由有兩點：一是鄉民捉住親兵投入水中，「代李逆發私忿」；一是被擒的李秀成的部下，「一見李逆，即長跪請安」。他認爲李逆「民心未去，黨羽尚堅」，於是決計「就地正法」。其實曾國藩怕李秀成到京城後分化瓦解湘軍與清廷的關係，或者暴露了金陵財產的眞實情況。

至於金陵財產，世人皆知，究竟落入誰人之手，自然曾國荃嫌疑最大，而曾國藩在奏報中卻說，「僞宮、僞館，一炬成灰」，誰會相信呢？

曾國藩正是想到了誰也不會相信，加上人言可畏，所以他才在大功告成時產生了從來沒有的憂慮。

樓高易倒

曾國藩對曾國荃語重心長地說：

關於彈劾順齋一事，請你暫緩進行，將來再說。這種官司即使僥倖獲勝，眾人也會對你虎視眈眈，一定會尋找機會發洩他們的憤怒。雖然順齋不可能報復，但其他人會替他向你報復。這種事我經歷過很多，看得十分清楚。

那次寄雲上疏彈劾巡撫，可黃藩上疏保護巡撫，郭臬和李非也很不高興，當時就聽說外面輿論憤憤不平。後來小蘧果然替黃某報復，而雲仙也與毛某的關係水火不容，近來寄雲非常後悔。那次我彈劾竹伯的時候，小蘧也替他打抱不平，至今仍然大肆詆毀我們兄弟。

去年查辦案件時，我曾密奏彈劾吳少村，河南的官員就頗感不平，其繼任者也與我隔閡極深。陳某和黃某，並非沒有參劾的過失，我和毛某的地位也有許多年有根基，尚且不足以彈劾他們，這就是火候未到。所謂燕國有可伐的罪名，而齊國沒有可討伐的人員。

憑你現在的影響去彈劾順齋，也是火候未到，想替他報復的人一定會蜂湧而起。如果他在公事上不十分掣肘，何必要使用這種嚴厲的手段呢？開封的本家曾紫三曾對我多有掣肘，而我最近曾密奏保全他，就是不想與他結成怨家。

我們兄弟位高、功高、名望也高，朝野上下都將我家視爲第一家。樓高易倒，樹高易折，我們兄弟時時都處於危險之中。所以應該專心講究寬和、謙遜、也許可以在高位而無危險。

如果你直接向皇上直陳順齋的事情，那麼外人都會懷疑我們兄弟是經過了周密的策劃後才這樣做的，到那時，我們即使有一百張嘴巴也無法辯白；而且你這樣做，人們就會指責你仰仗過去的武功，仰仗皇上的器重，仰仗顯赫的門第，這樣高處招風的景象就顯示出來了。

過去祖父星岡公常常教導人說：「曉得下塘，須要曉得上岸。」所以我們應在大功告成後，位高權重時，常常想到退休藏拙，我準備先行引退。你如果在這個時候彈劾順齋，我就不能順利引退了。我希望你平平和和做一二年，等我上岸以後，你再去轟轟烈烈地大幹一番。

治軍：在人不在器

夫戰，智為始，仁次之，勇次之。

——《國語》

運籌策帷帳之中，決勝於千里之外。

——《史記》

抗兵相若，哀者勝。

——老子

用兵者，先為不可勝，以待敵之可勝。

——《淮南子》

曾國藩本來是一個虔信程朱理學的學者，不幸的是那個時代把他造就成了一代中興名將。從一八五二年奉旨興辦團練開始，到一八七二年他死前的一二年，他一直在過問軍事。他仿照明代戚繼光創建了一支不同於綠營軍（官兵）的新型軍隊，這支軍隊紀律嚴明，戰鬥力強，爲他立下了赫赫戰功；然而，正當它處於威震四海的頂峰時期，曾國藩下令解散它。它爲朝廷創建了一支軍隊，卻爲自己解散了這支軍隊。而這足以說明他是這支軍隊的眞正領導者。

作爲一個軍人，除了親自創造輝煌的戰例，曾國藩什麼也不缺。湘軍是曾國藩的軍隊，他把自己的思想、信念和品格灌注其中，軍隊的風格就是他的風格；他是一個實戰經驗豐富的戰略家，他控制了整個戰爭的發展和節奏；他是一個具有深刻觀察力的人才專家，他所推薦、選拔和使用的將才，在整個戰爭中發揮了重大並富有決定性的作用；他還是一個學養深厚的軍人，這就使他自然而然地研究戰爭，包括戰略和戰術，民心，將才，給養和裝備，他的治兵言錄不僅對同時代的人產生影響，而且對中國現代的軍事將領也產生了影響（黃埔軍校曾把《曾國藩治兵語錄》作爲教材），蔡鍔就是其中最典型的一個。

仁愛與忠信

沒有哪一個國家不把自己的軍隊稱爲仁愛之師，忠信之師，正義之師，它必然要爲它的軍隊找到存在的理由和根據，不然就得不到民衆的支持，就會寸步難行。無論是洪秀全的太平天國軍，還是曾國藩的湘軍都是如此。沒有民衆的支持，洪秀全就不會橫掃千軍如捲席；同樣，沒有民衆的支持曾國藩也不會力挽狂瀾於既倒。金銀財寶，封官晉爵，可以吸引一些人，但決不會吸引千千萬萬的人；畢竟，生命比榮華富貴更加寶貴。

愛民爲本

《淮南子》云：「衆之所助，雖弱必強；衆之所去，雖大必亡。」人心的向背，民衆的支持與離異，關係到部隊的生死存亡，這個道理曾國藩顯然明白，所以他再三囑咐所屬各部，以愛民爲本。他說：「愛民爲治兵第一要義。須日日三令五申，視爲生命根本之事，毋視爲要結粉飾之文。」

爲了獲取民心，咸豐八年，曾國藩在江西建昌軍營中寫了一首通俗曉暢的愛民歌：

三軍個個仔細聽，行軍先要愛百姓。賊匪害了百姓們，全靠官兵來救人。百姓被賊吃了苦，全靠官兵來作主。第一紮營不要懶，莫走人家取門板，莫拆民房搬磚石，莫踹禾苗壞田產。莫打民間鴨和雞，莫借民間鍋和碗。莫派民夫來挖壕，莫到民家去打館。築牆莫攔街前路，砍柴莫砍墳上樹。挑水莫挑有魚塘，凡事都要讓一步。第二行路要端詳，夜夜總要支帳房，莫進城市占鋪店，莫向鄉間借村莊。人有小事莫喧嘩，人不躲路莫擠他。無錢莫扯道邊菜，無錢莫吃便宜茶。更有一句緊要書，切莫擄人當長夫。一人被擄挑擔去，一家啼哭不安居。娘哭子來眼也腫，妻哭夫來淚也枯。從中地保又訛錢，分派各團並各都。有夫派夫無派錢，牽了騾馬又牽豬，雞飛狗走都嚇倒，塘裏嚇死幾條魚。第三號令要嚴明，兵勇不許亂出營。走出營來就學壞，總是百姓來受害。或走大家詐錢文，或走小家調婦人。邀些地痞做伙計，買些燒酒同喝醉。逢著百姓就要打，遇到店家就發氣。可憐百姓打出血，吃了大虧不敢說。生怕老將不自在，還要出錢去賠罪。要得百姓稍安寧，先要兵勇聽號令。陸軍不許亂出營，水軍不許上岸行。在家皆是做良民，出來當兵也是人。官兵賊匪本不同，官兵是人賊是禽。官兵不搶賊來搶，官兵不淫賊來淫。若是官兵也淫搶，便同賊匪一條心。官兵與賊不分明，到處傳出醜名聲，百姓聽得心就酸，上司聽得皺眉尖。上司不肯發糧餉，百姓不肯賣米鹽。愛民之軍處處嘉，擾民之軍處處嫌。我的軍士跟我走，多年在外名聲好。如今更窮困，願我軍士聽教訓。軍士與民如一家，千記不可欺負他。日日熟唱愛民歌，天和地和又人和。

這支歌共有三條，第一條講的是品行，第二條講的是行軍，第三條講的是嚴明，條條具體實在，講到了舊軍隊的痛處，講到老百姓的心坎上。這樣一支紀律嚴明，對百姓秋毫無犯的仁義之師，怎麼會不得到百姓的愛戴呢？其中軍民一家的思想對現代軍隊的建設都產生了影響。然而曾國藩並不是從一開始就產生了這種思想，這支歌是在湘軍創建四年之後才出現的，也就是說曾國藩是在充分考察並了解了民意民心之後才寫這支歌的，他意識到民心的背向才是戰爭勝負的關鍵因素，正如《淮南子》所說：

「舉事以人爲者，衆助之；舉事以自爲者，衆去之。」

禁止騷擾

曾國藩寫作《愛民歌》不完全是一種策略，他也是有感而發。他說：「我近年從事軍務，每駐紮一處，我就走遍城鎮與鄉村。看到的沒有不毀壞的房屋，沒有不砍伐的樹木，沒有不遭破敗的富戶，沒有不受欺壓的窮民。大概被賊寇損害的占十分之七八，被官兵毀壞的占十分之二三。令人觸目傷心，我在私下喟然長嘆：行軍危害百姓竟到了如此地步啊！所以每次委任將校，我總是告誡他們，一定要把禁止騷擾百姓放在第一位。」這大概是促使他寫作《愛民歌》的心理原因。

有了《愛民歌》並不一定萬事大吉了，老百姓看慣了官樣文章，裝潢粉飾，自然也就不以爲然，他們更看重實際行動。曾國藩也想，區區一紙文告，怎麼能馬上得到百姓的歡心呢？他建議部下深入到百姓中去，親自訓導，將自己的眞情實意完全表達出來，這樣百姓才會心悅誠服。尤其是在審判訴訟後當堂告誡，這樣才會足以感人。見效最快的就是勤聽訴訟，爲百姓伸寃鳴屈，打抱不平。

儘管有了《愛民歌》，但騷擾百姓的事還是屢屢發生。在涇縣就出現了搶人擄物的事件，雖然爲首的被砍頭示衆，但老湘營的統管卻一味開脫自己的責任。曾國藩寫信給以了嚴厲的斥責：

你們說這件事與你們營無關，未免太自信了。一般說來，管轄既多，一定有耳目難以周詳的時候，也一定有號令不執行的地方。我治軍多年，時刻警告士兵嚴禁騷擾百姓，每次遇到有人告我的部下騷擾百姓的案件，都不敢護短拒絕別人的控告，不敢相信我的士兵都是善良的，也不敢懷疑控告的人都是誣陷。而你們對於這類案件，事前既沒有防範，事後又袒護部下，堅決拒絕別人的控告，那麼你的士兵從此就會更加肆無忌憚，官民從此就更不敢對軍隊說實話，想使他們不仇恨軍隊怎麼可能呢？

想當初你們駐紮在涇縣時施行了發粥搭棚的惠政，涇縣百姓沒有不歌頌的，每當我想到這裏就欣慰不已。在這營規初壞，聲名銳減之際，如果能嚴於自治，切實整頓營規，保全往日聲名，那百姓自有公道，他們也會化怨恨爲讚美的。不然的話，以愛民始，以擾民終，先後判若兩人，這不是我委任你們的拳拳之心。望你們對這番話嚴肅對待，認眞體會。

義與仁

曾國藩說：「帶兵之道，用恩莫如用仁，用威莫如用禮。」早年曾國藩研究程朱理學，對仁義禮智信心領神會，心悅誠服，經過多年的帶兵實踐，他發現這套理論對處理官兵關係極爲有用。

什麼是仁，這就是曾國藩常說的「欲立立人，欲達達人」，也就是說自己想建功立業，則先讓別人建功立業，自己想興旺發達，則先讓別人興旺發達。將帥對待官兵如同父兄對待子弟一樣，總是希望他們興旺發達，總是希望他們建功立業。人同此心，心存此理，那麼官兵就會對你感恩戴德。什麼是禮，就是所謂無論人多人少，無論官大官小都一視同仁，不敢怠慢。身處高位，不驕傲自大，盛氣凌人。再加上衣冠整齊，舉止嚴肅，自然令人望而生畏，威而不猛。持之以敬，臨之以莊，無形無聲之際，常常有凜然不可侵犯的正氣。如果這樣部屬就會感到你的威嚴了。

如果能做到這兩條，那就會所向披靡，無往而不勝，還有什麼治不好的軍隊呢？

曾國藩說，我們帶兵就像父兄帶子弟一般，沒有銀錢，不能提拔，都是小事一樁。千萬不能使他們因騷擾百姓而壞了品行，因嫖娼、賭博、吸大煙而壞了身體。如果他們個個學好，人人成材，他們自己會感恩載德，他們的父母也會感激不盡了。

「如父兄之帶子弟一般」，這就是曾國藩帶兵的秘訣，他說，「將領之管兵勇，如父兄之管子弟，父兄嚴者，其子弟整肅，其家必興；溺愛者，其子弟驕縱，其家必敗。」蔡鍔評論道：「帶兵如父兄之帶子弟一語，最爲慈仁貼切。能以此存心，則古今帶兵格言，千言萬語皆付之一炬。」

父兄與子弟之間，有一種天然的親密，也有一種天然的距離；因爲親密他才服從，因爲距離他才敬畏。這是一種家庭式的關係，所以軍人常把軍隊視爲自己的第二家庭。正因爲有這樣一種關係，將帥就應該想官兵之所想，急官兵之所急，把他們的成功視爲自己的成功，把他們的恥辱當成自己的恥辱。無論是成功成仁，噓寒問暖，還是哀其不幸，怒其不爭，都是出於至誠，沒有一絲一毫的虛僞和做作。將帥與官兵的關係達到這樣的程度，那就會攻無不克，戰無不勝。

誠與實

曾國藩說：天地之所以運行不息，國家之所以存在建立，聖賢的德業之所以可大可久，都是因爲一個誠字。所以說，誠者，物之始終，不誠無物。

曾國藩說：人必須虛懷若谷，心地坦蕩，毫無私心，然後才能眞實無妄。所謂實，就是不欺騙。人之所以欺騙他人，必定是心中別著一物。心中別有私心，不敢告人，必然編造謊言騙人。若心中不著私物，又何必欺騙人呢？他之所以欺騙他人，也是因爲他心中別著私物。所知在好德，所私在好色。不能去好色之私，則不能欺其好德之知。所以說，誠，就是不欺騙；不欺騙，就是心中無私；心中無私，就是至虛（胸懷若谷）。因此，天下之至誠，就是天下之至虛。

曾國藩說：凡是正話實說，盡可多說幾句，久而久之，大家自然能了解你的心意。就是直話，也不妨多說幾句；但是不可以攻擊他人的隱私爲直，尤其不能背後詆毀他人的短處。馭將之道，最可貴的是開誠佈公，而不是玩弄權術。

曾國藩說：凡人不患有過，但患文過，不貴無過，但貴改過。

曾國藩說：我們應該永遠誠心待人，虛心處世。心誠則志專而氣足，千磨百折而不改變初衷，終有順理成章的那一天。心虛而不講客套，不挾私見，終有爲大家所理解的那一天。

曾國藩說：用兵久則驕惰自生，驕惰則未有不失敗的。「勤」字可以醫治怠惰，「愼」字可以醫治驕傲；在這兩個字前，還須有一「誠」字作爲根本。一定要立志將此認識透徹，堅持到底。精誠所至，金石爲開，鬼神也迴避。這是說的對自己誠實。人天生是直爽的，與軍人交往時，直爽就顯得尤爲珍貴。文人的心多曲、多歪、多不坦白，往往與軍人水乳不融。文人必須完全除去歪曲私心，事事推心置腹，使軍人粗人坦然無疑。這是說的交往中的誠實。以誠爲本，以勤字、愼字爲用，也許可以避免大災大敗。

曾國藩說：自古以來，中國駕馭外國，或者是恩信，或者是威信，總之離不開一個「信」字。並不一定明顯違背條約，或者放棄承諾，才算是失信；即使是纖細之事，談笑之間，也必須眞心實意辦理或說出。心中對他只有七分，外表不必假裝十分。既然已經通和講好，那就要凡事公平合理，不使遠方的人吃虧，這就是恩信。至於令人敬畏，全在自立自強，不在裝模作樣。面臨危險有不屈不撓的氣節，面對財寶有不沾不染的廉潔，這就是威信。這兩種作法，看似迂遠而不著邊際，實際上質樸而耿直，可以在無形之中消除禍患。

從做人，到治軍，到治國，曾國藩所信奉的只有一個「誠」字。

將材與用人

人才，是世間最寶貴的。在晚清，人才似乎奇缺，龔自珍曾仰天長嘯：「我勸天公重抖擻，不拘一格降人才。」曾國藩也曾感慨，國中無人，他認爲中國若想不與外國列強媾和，就得有四五個得力的大將軍，他數來數去怎麼也數不出來。正因爲如此，他才對人才傾注了那麼多的心血，他物色和栽培人才，選拔和推薦人才，只要這個人確有所長，哪怕他給曾國藩的印象並不好，甚至與他心存隔閡，他都是不憚任用和舉薦的。曾國藩具有世間所罕見的發現人才的特殊價值的本領，大至總督，小至營哨，曾國藩舉薦和扶植的人才不可計數；可以說，發現人才的本領，是一個成功的領導者的首要本領，其價值往往超過了所發現的人才的價值。《韓詩外傳》說：「薦賢賢於賢。」說的就是這個意思。

任將之標準

曾國藩認爲，一個人能不斷反省自己，以誠待人，知道自己的長處，也知道自己的短處，不爲錢財所動，又能推賢讓能，愛才如命，任勞任怨，忍氣呑聲，那就可以說，他將良將良吏的品格兼備於一身了，還有什麼事業不能成就的呢？

將領，是軍隊的核心和靈魂，他的思想往往就是軍隊的思想，他的品質往往就是軍隊的品質，他的意志往往就是軍隊的意志，他以自己才能、氣質和魅力征服的軍隊，軍隊的風格就是他的風格。因此，古人在授予兵權時格外謹愼，《尚書》說：「惟干戈省厥躬。」可見，兵權不可隨意授人，而應經過考察授給那些確能勝任的人。

那麼兵權應授給哪些人呢？曾國藩認爲，一個帶兵的人起碼應具備四點：

第一要才堪治兵。治軍的才能，不外乎公正、嚴明、勤勞。不公正，士兵不會心悅誠服；不嚴明，士兵不會心有所顧忌，不勤勞，軍中大小事務都會被荒廢。所以對治兵的人來說，這是第一要務。

第二要不怕死。在古代，兵就是勇，勇就要不怕死。曾國藩從帶兵的第一天起，就立定了一個志向，「不要錢，不怕死」。不怕死，作戰時才能身先士卒，衝鋒陷陣，這樣士兵才會捨身忘死，一往無前。所以對帶兵的人來說，不怕死是第二要務。

第三要不汲汲名利。爲名利而來的人，提拔得稍遲一點就怨恨不已，遇到一點不如意的事就怨氣沖天；他們與同僚爭薪水，與士兵爭毫釐。小肚雞腸，做不得大事。所以對帶兵的人來說，不熱衷於名利，是第三要務。

第四要耐受辛苦。身體羸弱的人，過度勞累就會生病；精神短乏的人，時間稍長就會疲倦。所以對帶兵的人來說，身強體壯是第四要務。

這四點似乎有些求全責備，但如果缺乏其中任何一點，就絕不可帶兵。所以這是任何一個帶兵的人必備的素質，此外，曾國藩對不同層次的將領也有不同的要求。對一般將領，如營團一級的將領，曾國藩有兩個要求：一是人必須實在，心眼好；二是人精明能算，對路程的遠近，糧草的多少，敵我的強弱都要心中有數。對高級將領，曾國藩有三個要求：一必須智略深遠；二必須號令嚴明；三必須吃苦耐勞。總之，曾國藩的帶兵之人，必須智深勇沉，文經武緯，這就是曾國藩「夢想以求人，焚香以禱之」的將材。

物色人才

兩千多年前，孔子就嘆道：「才難，不其然乎？」兩千多年後，曾國藩嘆道：「今日所當講求，尤在用人一端。人材有轉移之道，有培養之方，有考察之法。」

那麼，如何物色人才呢？曾國藩自有他的一套方法，他說：物色人才，必須像白圭那樣敏銳（這個戰國巨賈，他能根據天時變化，年成好壞，以及人們的需求來從事買賣，他有一個原則：人棄我取，人取我予。）；像鷹隼捕捉獵物，不達目的，誓不罷休；像青蚨有母，雉鳥有媒（指獵人所馴養的幼雉，待其長大後用以招引野雉），以類相求，以氣相引，只要得到一個，就可得到其他的。

一般說來，人才最常見的毛病大約有二種：一種是官氣較多，一種是鄉氣較多。官氣多的人，好講資格，好問樣子，辦事不會驚世駭俗，說話不會彼此矛盾。這種人的缺點：奄奄一息，毫無生氣，每遇到一件事，只憑他人口中獲得，再讓文書寫出，不能做到身到、心到、口到、眼到，尤其不能放下架子實際體驗一番。鄉氣多的人，好逞才能，好出新樣，做事知己不知人，說話顧前不顧後。這種人的缺點是：一事未成，便引來議論紛紛。這兩種人的缺點不一樣，但造成的後果是一樣的。如果不是眞正出類拔萃的人，那很難避免這兩種過失。

在這兩種人中，曾國藩儘可能不用官氣較多的人，而寧願用鄉氣較多的人。在曾國藩的部隊裏，那種說大話，放空炮，要滑頭的人是得不到重用的，甚至那種喜歡說話的人，他也不重用，所以他的湘軍將領差不多都不善辭令。他的用人原則是：有操守而無官氣，多條理少大言，特別要做到「五到」，即身到、心到、眼到、手到、口到。

所謂身到，就是作官就要親自驗查案情，親自巡視鄉里；治軍就要親自查巡營壘，親自探察敵營。所謂心到，凡事要處心積慮，認眞剖析，大條理，小條理，始條理，終條理，理其緒而分之，再比其類而合之。所謂眼到，就是留意觀察人，認眞閱讀公文。所謂手到，就是對人員的長短，事情的關鍵，隨筆記錄，以備遺忘。所謂口到，派人差事，既要有公文，又要耐心叮囑。

這些都非常具體完備，曾國藩以這樣的原則來物色人才，考察人才，因此他的部下才名將輩出，豪傑雲湧。

陶冶人才

《貞觀政要》說：「何代無賢，但患遺而不知爾！」是的，江山代有才人出，天地之大，四海之廣，哪裏找不到幾個品德高尚，才華橫溢的仁人志士呢？然而事實並非如此，古往今來，該有多少「國中無人」的浩嘆！

其實這涉及到兩個問題：一是人才，一是時代所亟需的人才；人才任何時代都有，但某一時代所亟需的人才不一定有。在清朝，飽讀詩書的人才多如牛毛，但飽讀詩書又能征善戰，既可抵禦外侵又能平息內亂，即懂辦外交又懂製船炮的人實屬鳳毛麟角。前一種人不是清朝所亟需的，而後一種人才是清朝所渴盼的啊！所以當一個時代處於巨大變革的轉折時期，也往往就是人才極爲匱乏的時期。曾國藩就處於這樣的時期，怎麼辦？

曾國藩說：「人材以陶冶而成，不可眼孔太高，動謂無人可用。」陶冶人才，培養人才，「徐徐教育」人才，這是曾國藩對朝廷的一大貢獻。

同治十年七月初三，曾國藩在一折奏稿中，疏議大清每年選派十三四歲至二十歲的幼童三十名到美國等西方國家留學，目的是使西方擅長的技術，中國人能夠掌握，之後就可以漸漸謀圖自強，十五年後學成回國。留學生去前要考試，在讀期間不准加入外國籍，逗留國外，或者私自另謀職業，學成後聽候派用，委以重任。以二十年計算，約需庫平銀一百二十萬兩。留學一事，雖是丁日昌動議，李鴻章也多次來信與曾國藩商議，但他們兩人都不及曾國藩德高望重，所以眞正促成留學一事的人應該說是曾國藩，如果要寫《中國留學史》，第一功應計在曾國藩的名下，是他開創了中國一百多年來出國留學的先例。

出國留學就是一種培養人才的方式，這種方式見效很慢，往往以十五年計算，可見陶冶人才是需要極大的耐心的。早年曾國藩對湘軍的將領的培養也是很有耐心的，他說，「人力之增在乎漸」，所以要「厲志以廣之，苦學以踐之」，所以要耐心培養。他的很多寫給部下的信函都是他培養湘軍將領的見證。他的弟弟曾國荃就是在他的親自教育培養之下逐漸成長成熟起來的，其中或教或誨，或寬或嚴，或愛或憎，或獎或懲，或警或罵，曾國藩傾注了全部的心血和智慧，沒有曾國藩就沒有曾國荃。李鴻章是曾國藩的學生，他辦淮軍，辦洋務都直接受到曾國藩的影響，李鴻章學而不厭，曾國藩誨而不倦，李鴻章把曾國藩當成最可尊敬的師長，曾國藩把李鴻章視爲自己最得意的學生。李鴻章是曾國藩事業的眞正繼承者。

至於湘軍的大小將領，可以說沒有人沒有受過曾國藩的教誨的，從做人到治軍，從戰略到戰術，曾國藩是不厭其煩地給予教導。他在教導人才時方法也很多，或因材施教，或循循善誘，或旁敲側擊，或單刀直入，或表揚請功，或批評處罰，無所不用。他對人才有兩個重要原則：允許他們犯錯誤，更允許他們改正錯誤；不拘小節，只要他有一技之長，就不對他求全責備。

所以任何時代、任何地方都不乏人才，就看你能否培養、陶冶和造就了。人才就要用，用著用著，他就是人才了。

知人不易，得人不易

曾國藩常常在內心告誡自己，切莫因爲自己而淹沒了人才，也怕因爲自己而選出浮華之士，這兩者都會貽誤將來的事業。他嘆道：人不易知，知人不易。誰是卑鄙猥瑣不堪重用的人？誰是才華卓越不同流俗的人？

爲了求取人才，曾國藩在軍營設有一個秘密投信箱，請官兵坦陳自己和地方官員的過失，鑒別人才的賢與不賢，推薦那些隱沒在軍中的有才能的人。爲了獲得人才，他還請弟弟爲他留心採訪物色，一要「多置好官」，二要「遴選將才」，如果碰到合適的人，他也會向弟弟推薦。

曾國藩認爲，辦大事的人，以多選替手爲第一要義。一方面他用人十分審愼，「不輕進人，即異日不輕退人之本；不妄親人，即異日不輕疏人之本。」另一方面他也求賢若渴，「凡有一長一技者，斷不敢輕視。」曾國藩最喜歡用的是「能耐勞苦之正人」。

對於讀書人，曾國藩認爲他們有兩個通病：一是尙文不尙實，一是責人不責己。尚文的毛病表現在，寫文章時連篇累牘，言之成理，待到躬任其事，則忙亂廢弛，毫無條理。責人的毛病表現在，無論什麼人，一概用別人難以達到的標準苛求於人，這就是韓愈所說的「按衆人的要求對待自己，用聖人的標準對待別人。」對這種人，要諄諄勸誘，徐徐熏陶。

曾國藩欣賞的是光明正大，言詞眞切的人，他們「抱濟世人才，矢堅貞之志，不爲利害所動」，這就是豪傑之士。而那種「心知順逆，隱懷忠義，亦不免被其逼脅」的人，就是良善之人。豪傑之士，可遇不可求，良善之人，可遇又可求。得到良善之人後，就要「實見其行，實信其心」，然而後才能舉報。曾國藩深有感觸地說：「得一好人，便爲天地消一浩劫。」

所以說，知人不易，得人不易。要知人就要善察人，要得人就要善用人，不察不用，即使人才就在身邊，也會視而不見。

品格與操守

軍人應有自己的品格和操守，有他能做的，不能做的，有他必須做的，有他必須不做的。戰場就是生死場，須臾之間就是生死之時，來不得半點猶疑與客套。一個人的性格與氣質，在這關鍵時刻會暴露得纖屑不遺：英雄或者懦夫，卑鄙或者高尚，自私或者無私。作爲一個軍人，他最緊要的品格與操守有哪些呢？那就是：勇毅、團結、尙志、勤勞。

勇毅

從出山的第一天起，曾國藩就立定了一個志向：「一不要錢，二不怕死。」不要錢，就戒除了私心；不怕死，就斷絕了後路。能做到這兩點，一個人就會英氣勃發，氣呑山河，壯志凌雲。

蔡鍔認爲，勇敢有狹義與廣義之分，急遽與持續之別。暴虎馮河，死而無悔，臨難不苟，義不反顧，這是狹義的急遽的勇敢；成敗利鈍，非所逆睹，鞠躬盡瘁，死而後已，這是廣義的持續的勇敢。

死，人人都怕，但天下確有不怕死的人，關鍵是在死得其所，死得有價值，死得重於泰山。胡林翼就曾說：「膽量人人都小，英雄只不過是平日膽小，臨時膽大而已。」湘軍是一支由文人組建起來的軍隊，而文人的特點就是思慮過多，貪生怕死。曾國藩想練就一支艱難百戰的勁旅，就必須首先喚發出他的將士的豪氣與英姿，他在挑選將官的時候，除了考察他是否熟諳用兵之道，是否有忠義之氣，還要考察他是否血性方剛。

那麼，他如何教導士兵勇敢呢？他說：

本部堂招你們來充當鄉勇，替國家出力。每日給你們口糧，養活你們，均是皇上的國帑。原是要你們學些武藝，好與賊人打仗、拚命。……若是學得武藝精熟，大膽上前，未必即死；一經退後，斷不得生。此理甚明。況人之生死有命焉。你若不該死時，雖千萬人將你圍住，自有神明護佑，斷不得死；你若該死，就坐在家中，還是要死。可見與賊打仗，是怕不得的，也可不必害怕。

這種天命論色彩極強的思想，不只是他教導士兵的法寶，也是他安慰自己的利器。他說：「吾嘗舉功業之成敗，名譽之優劣，文章之工拙，概以付之運氣一囊之中，久而彌自信其說之不可易也。」

不過，作爲湘軍最高軍事統帥，既需有勇，還需有毅，正如蔡鍔所說：「軍人之居高位者，除能勇不算外，尤須於毅之一字下功夫。挾一往無前之志，具百折不回之氣，毀譽、榮辱、死生皆可不必較，惟求吾良知之所安。」這就是一個高級將領所應具備的氣度。

曾國藩說：「國藩昔在江西、湖南，幾於通國不能相容。六七年間，浩然不欲復聞世事。惟以造端過大，本以不顧生死自命，寧當更問毀譽。」由此可見曾國藩的意志力非常人可比。

團結

北宋劉晝在《劉子·兵術》中說：「萬人離心，不如百人同力。」宋人許洞也說：「和於國，然而可以出軍；和於軍，然後可以出陣；和於陣，然後可以出戰。」曾國藩不是從理論上，而是從現實中，從多次的沉痛教訓中，認識到軍隊團結的重要性的。

他在給林源思的信中說道：「現在大營所調之兵，東抽一百，西拔五十；卒與卒不和，將與將不和；彼營敗走，此營不救；此營敗走，彼營不救；此營欲行，彼營願止。離心離德，斷不足以滅劇賊而成大功。」

曾國藩深惡痛絕的還是八旗綠營彼此「敗不相救」，他在給江忠源的信中說：「國藩每念今日之兵，極可傷恨者，在『敗不相救』四字。彼營出隊，此營張目而旁觀，哆口而微笑。見其勝，則深妒之，恐其得賞銀，恐其獲保奏；見其敗，則袖手不顧，雖全軍覆沒，亦無一人出而援手拯救於生死呼吸之頃者。」

因此，他認爲綠營軍亟需改革，種種惡習、積習、陋習必須一掃而光，他制定了「別開生面，斬斷日月」，「改弦更張，赤地立新」改革方針，立誓要創建一支嶄新的軍隊。這是一支「士卒精強」，「製械精致」的武裝，一支可「破釜沉舟，出而圖事」的勁旅，一支「諸將一心，萬衆一氣」的隊伍。爲此他在湘鄉守籍時創制了《要齊心》的歌謠：

我境本是安樂鄉，只要齊心不可當。一人不破二人幫，一家不及十家強。你家有事我助你，我家有事你來幫。若是人人來幫助，扶起籬笆便是牆。……縱然平日有仇隙，此時也要解開結。縱然平日打官方，此時也要和一場。大家吃杯團圓酒，都是親戚與朋友。百家合成一條心，千人合做手一雙。

而要達到軍隊精誠團結，就必須消除彼此之間的嫉妒心理，曾國藩曾寫了二首《忮求詩》，其中一首云：

善莫大於恕，德莫凶於妒。妒著妾婦行，瑣瑣奚比數。己拙忌人能，己塞忌人遇。己若無事功，忌人得成務。己若無黨援，忌人得多助。勢位茍相敵，畏逼又相惡。己無好聞望，忌人文名著。……爭名日夜奔，爭利東西騖。但期一身榮，不惜他人污。聞災或欣喜，聞禍或悅豫。問渠何以然，不自知其故。……我今告後生，悚然大覺悟。終身讓人道，曾不失寸步，終身祝人善，曾不損尺布。消除嫉妒心，普天零甘露。

正是由於曾國藩的種種努力，湘軍果然成爲「齊心相顧，不肯輕棄伴侶」的部隊，他們即使平時有仇隙，可一到戰場卻能同仇敵愾，死生相顧，這不就是孔子所說的「兄弟鬩於牆，外禦其務（侮）」嗎？這不就是蔡鍔所說的「有爭憤於公庭，而言歡於私室；有交哄於平昔，而救助於疆場」嗎？

尚志

還是回到曾國藩的那句話：「一不要錢，二不怕死。」對軍人來說，這不怕死是一種本份，這不要錢則是一種精神，一個當兵的人，能夠做到不要錢，那一定是心存大志的人，尤其是曾國藩那個時代。

曾國藩說：「凡人才高下，視其志趣而定。卑者安於流俗庸陋之規，從而越來越污下；高者摹仿先賢隆盛之軌，從而越來越高明。人才的優劣智愚，由此可以區別開來。」

曾國藩說：「無兵不足深憂，無餉不足痛哭。只是我舉目四望，茫茫大地上，找一個攘利不先，赴義恐後，忠心耿耿的人，不可亟得。即使偶得一個，然而又屈居下層，往往抑鬱不得志，最終或者受挫，或者離去，或者死掉。可是貪婪退縮之徒，反而飛黃騰達，而富貴，而名譽，而老健不死。這才是眞正值得悲嘆的事情。」

曾國藩說：「今日百廢莫舉，千瘡並潰，無可收拾。惟有依賴那耿耿精忠之寸衷，與萬民相對於骨山血淵之中，期望以此塞絕橫流之人欲，換回厭亂之天心，或許還能補救於萬一。不然，單就時局而論，像這樣滔滔紛紛的局面，我不知何時是個盡頭。」

曾國藩說：「方今天下大亂，人懷苟且之心，超過自己範圍的事情，便無人過問。我們應該確立一個標準，身體力行，並且聯合那些志同道合的人共同遵守。千萬不能讓自己心中的敵人，攻破了自己心中的城牆。」

曾國藩說：「君子有高世獨立之志，而不讓世人輕易看出來；有藐視帝王，退敵三軍的氣概，卻不輕易顯示出來。」

曾國藩說：「君子欲有所樹立，必自不妄求人開始。」

曾國藩說：「古人患難憂虞之際，正是德業長進之時。其功表現在胸懷坦蕩，其效體現在身體健康。聖賢之所以爲聖賢，佛家之所以成佛，關鍵在於遭受大難之日，將此心放得實，養得靈。如果有活潑潑之胸襟，坦蕩蕩之意境，那麼，即使身體有外感，必不至於內傷。」

勤勞

稼穡而食，桑麻而衣，中國農民最可貴的品質就是勤勞。

曾國藩出生農家，他說：「吾家累世以來，孝悌勤儉。」「竟希公、星岡公皆未明即起，竟日無片刻暇逸。」星岡公在孫子曾國藩入翰林院後，仍然保持當年親自種菜收糞的生活習慣。這對曾國藩的影響很大，他一生養成了早起的習慣，都是得力於祖父和父親的教誨與督導。

曾國藩創辦湘軍之後，這種勤勞的作風也被他引入軍中，成爲他帶兵選將的標準。在他招募的兵勇中，那些懶散、怠惰和疲沓的人，成爲首先被淘汰的對象。他考察一位將官，也須看他是否勤勞。他說：「練兵之道，必須官弁晝夜從事，乃可漸幾於熟。如雞孵卵，如爐煉丹，未可須臾稍離。」將官不勤勞，必定會導致軍事荒廢。

在他看來，「天下事，未有不由艱苦中得來，而可大可久者也。」不勤不勞，哪一件事情也辦不成。而且，他還認爲，「百種弊端，皆由懶生。懶則馳緩，馳緩則治人不嚴，而趨功不敏。一處馳援，則百處懶矣。」可見懶散不僅會使事務荒疏，還會使人行動馳緩，眞是一懶百散。

爲了避免出現這種情況，曾國藩告誡部屬說，「每日應辦之事積擱過多，當於淸早開單本日應了之件，日內了之。如農家早起，分派本日之事，無本日不了者，庶幾積壓較少。」

正因如此，曾國藩認爲：「治軍以勤字爲先，由閱歷而知其不可易。未有平日不早起，而臨敵忽能早起者；未有平日不習勞，而臨敵忽能習勞者；未有平日不能忍饑耐寒，而臨敵忽能忍饑耐寒者。」勤勞，不是突然行動，不是心血來潮，不是三天打魚，兩天晒網，而是一貫的生活作風，平時怎樣戰時怎樣，這就需要持之以恆。所以，曾國藩在家書中說：「勤字功夫，第一貴早起，第二貴有恆。」眞是說到了要害處。

曾國藩總結道：「治軍之道，以勤字爲先。身勤則強，逸則病。家勤則興，懶則衰。國勤則治，怠則亂。軍勤則勝，惰則敗。惰者，暮氣也。當常常提其朝氣。」

戰略與戰術

曾國藩的軍隊，是當時中國不怕死的軍隊，也善於打硬仗的軍隊。這支隊伍轉戰南北東西，其間有大勝，也有大敗，最終以地道苦戰攻克金陵，打敗了太平天國軍隊。太平天國軍隊號稱百萬大軍，而湘軍在其鼎盛期也不過三十萬，在兵力如此懸殊的情況，湘軍的成功靠的是什麼？靠意志，靠金錢與成功欲望的刺激。當然，也與曾國藩賦予它濃厚的儒教色彩有關，也與曾國藩運用正確的戰略和戰術決策有關。

在曾國藩的軍事思想中，一般人只知道他的仁禮義信綱常名教思想，卻不知道他也是一個道家思想相當濃厚的人，他的道家思想甚至比他的儒家思想更能反映他對軍隊的本質的看法。

主客奇正之法

《老子》云：「用兵有言：吾不敢爲主，而爲客；不敢進寸，而退尺。是謂行無行，攘無臂，扔無敵，執無兵。」大意是說，我不敢先發進攻，而是採取守勢；不敢冒進一寸，而要後退一尺。這就叫做：雖然有陣勢，卻像沒有陣勢可擺；雖然要奮臂進擊，卻像沒有手臂可舉；雖然可以牽制敵人，卻像沒有敵人可以牽制；雖然手持兵器，卻像沒有兵器可持。

老子的這一思想對曾國藩影響很大，成爲他攻防戰守的主要理論基礎。他說，「凡用兵主客奇正，夫人能言之，未必果能知之也。」那麼何爲主，何爲客？何爲奇，爲何正？這主客奇正有什麼奧妙，又是如何體現的呢？曾國藩說：

> 守城者為主，攻者為客。守營壘者為主，攻者為客。中途相遇，先至戰地者為主，後至者為客。兩軍相持，先吶喊放槍者為客，後吶喊放槍者為主。兩人持矛相鬥，先動手戳第一下者為客，後動手即格開而即戳者為主。

這種戰略戰術核心思想就是要以退爲進，不輕易出擊，保存實力，後發制人。在咸豐九年二月，曾國藩在日記中寫道：「兵者不得已而用之。常存一不敢爲先之心：須人打第一下，我打第二下。」正是這一思想的具體體現。

中間排隊迎敵為正兵，左右兩旁抄出為奇兵。屯宿重兵、堅紮老營與賊相持者為正兵，分出游兵，飄忽無常，伺隙狙擊者為奇兵。意有專向、吾所恃以禦寇者為正兵，多張疑陣、示人以不可測者為奇兵。旌旗鮮明，使敵不敢犯者為正兵，羸馬疲卒、偃旗息鼓、本強而故示以弱者為奇兵。建旗鳴鼓、屹然不輕動者為正兵，佯敗佯退、設伏而誘敵者為奇兵。

一般說來，用奇兵比用正兵好，老子就說要「以奇用兵」，奇兵的優點是隱蔽，出奇不意，變幻莫測，但有時也要用正兵，威風凜凜，氣吞山河，使敵不敢進犯。

那麼，什麼時候爲主，什麼時候爲客，什麼時候用正兵，什麼時候用奇兵，這要視具體情況而定，曾國藩說：「忽主忽客，忽正忽奇，變動無定時，轉移無定勢，能一一區而別之，則於用兵之道思過半矣。」可見「變動無定時，轉移無定勢」，這才是用兵的最高智慧和最高境界。

軍中不宜有歡欣之象

老子說：「夫兵者，不祥之器。」《呂氏春秋》也說：「凡兵，天下之凶器也；勇，天下之凶德也。舉凶器，行凶德，猶不得已也。」軍隊，是迫不得已而存在的存在，它製造災難也消除災難，軍隊的戰鬥力取決於軍隊的意志力，所以軍紀要嚴，軍容須整，軍風要振。軍隊最忌諱的是軍心渙散，聲色淫逸，歌舞陶陶。

曾國藩說：「兵者，陰事也。哀戚之意，如臨親喪；肅敬之心，如承大祭，故軍事不宜有歡欣之象。」在曾國藩看來，軍隊本應陰氣沉沉，彷彿黑雲壓城，秋風蕭瑟，亦哀亦戚，亦肅亦敬，這就是軍隊。

軍隊殺氣騰騰，充滿血光之災。曾國藩說，把牛羊豬狗趕到屠宰場，看到它們悲啼於割剝之頃，宛轉於刀俎之間，有仁愛惻隱之心的人尚且不忍見聞，何況把人的生命當作虛擲浪拋之物，不管其挫敗傷亡呢？即使僥倖取勝，而死傷相望，斷頭洞胸，折臂失足，血肉狼藉，種種慘狀每天都呈現在我們面前，連悲哀都來不及，哪裏還有心事去高興呢？所以說，軍中不宜有歡樂之象。

如果軍隊歡樂欣喜，不論是和樂喜悅，或者驕矜自滿，那麼終歸會導致失敗。田單防守即墨時，全軍將士抱著有死無生的決心，所以他能打敗燕國，等到他攻打狄人時，黃金披帶，馳騁於淄澠之地，將士全無戰死之心而有求生之望，魯仲連預測他一定會失敗。所以軍隊應有危機感，憂患意識，不應有歡欣鼓舞的氣象啊！

嘉慶年間，著名將領楊遇春可謂戰功卓越，他曾對別人談到自己的作戰體驗：「吾每臨陣，行間覺有熱風吹拂面上者，是日必敗；行間若有冷風，身體似不禁寒者，是日必勝。」話雖說得有點玄乎，但確確實實是他的真實感覺，說出了用兵暗含肅殺的道理。

曾國藩深諳其中滋味，他總是面上愁雲，形如枯槁，三角眼中放射著獰厲的光芒，使見到他的人不寒而慄，這是一種無聲的提示，也是一種無形的警醒：軍中不宜有歡欣的氣象。

兵法最忌「形見勢絀」

曾國藩說：「兵法最忌形見勢絀四字，常以隱隱約約，虛虛實實，使賊不能盡窺我之底蘊。若人數單薄，尤宜知此訣。若常紮一處，人力太單，日久則形見矣；我之形既盡被賊黨覷破，則勢絀矣，此大忌也。」

有一年，湘勇一統領張運蘭所部三百人駐紮在牛角嶺，前後左右沒有增援部隊，曾國藩聽說後立即寫信加以制止，認爲這樣做太呆板了，正犯了「形見勢絀」的毛病，結果五旗失守，他們沒有吸取教訓，又把第三旗駐紮在這裏，曾國藩寫信告訴他們，這就更呆板了。他說：

用兵當深思熟慮，不能駐紮，就應退守，然後，軍隊合到一起，等敵人來時，就聯合起來與之決戰，只要有一次得勝，銳氣就會振作起來。大凡敵我交戰，勝負常在須臾之間，即使救兵在八里之外，也不能援救；假使是雨雪泥濘天氣，即使在四里之外，也不能援救。再加上將士精神心血，也是有一定的限度的，假若時時刻刻兢兢業業，夜夜提防，不過十天，就會疲勞不堪。使用疲勞之師，就會產生暮氣，肯定沒有戰鬥力。曾國藩所擔心的一是怕孤軍無援，二是怕勞師無力。

《淮南子·兵略》云：「用兵之道，示之以柔而近之以剛，示之以弱而乘之以強，爲之以歙（收斂）而應之以張，將欲西而示之以東……若鬼之無跡，若水之無創。」這種方法就是在表面上不顯得鬥志昂揚，迎敵時卻勇猛頑強；表面上顯得弱小無力，攻敵時卻威力無比；部隊將要向西行動，卻虛張向東的聲勢。總之要無形無跡，變幻莫測，讓敵人摸不著腦。

正是出於這種戰略戰術考慮，曾國藩對張運蘭說：「必須變動不測，時進時退，時虛時實，時示怯弱，時示強壯，有神龍矯變之狀，老湘營昔日之妙處，全在乎此。」湘軍在與太平天國軍隊交戰中始終處於弱勢，太平天國軍隊有百萬之衆，而湘軍在其鼎盛時期也不過三十萬人，沒有正確的戰略和戰術，那是不可能取得最後的勝利的。

爲了避免「形見勢絀」，就要採取「變化不測」的方針。曾國藩曾指出曾國荃「行軍太缺少變化」，他說：「世事變化反覆，往往出乎意想之外。所謂道高一尺，魔高一丈，不飽歷事故，烏知局中之艱難哉！……余之拙見，總宜有呆兵，有活兵，有重兵，有輕兵，缺一不可。」特別「宜多用活兵，少用呆兵，多用輕兵，少用重兵」。

盡信書則不如無書

用兵之人不可不讀書。湘軍不是武人組建起來的，而是由一批學養深厚的文人組建起來的，其中的骨幹人物甚至可以稱得上道學家，如羅澤南、江忠源、李續賓、李續宜，其中羅澤南則是一位號稱羅羅山先生的道學大師。

但讀書與用兵完全是兩回事。古代有些名將，如西漢的韓信、曹參，東漢的皇甫嵩、朱儁，並沒有聽說他們著書立說；近代的戚繼光，能著書立說，但其指揮的戰事並不太大；像孫武這樣的軍事家，有實踐又有理論，畢竟少見。所以說，讀書與用兵完全是兩碼事。但一個想有所出息的將軍，就不能不讀書，尤其是兵書。

為了攻克金陵，積累攻城經驗，曾國藩曾翻閱過大量古籍，他曾寫下上十篇越鎮或越寨進攻而勝或敗的戰例，從中總結成功或失敗的教訓。有一篇就是探討唐太宗親征高麗的。攻下遼東、蓋牟等城後，到達安市，將要決戰，對方合兵佈陣，長達四十里。江夏王李道宗說：「高麗傾國以拒王師，平壤之守必弱，願假臣精兵五千，覆其根本，則數十萬之衆可不戰而降。」太宗不應允。後來進攻安市，終於沒有攻下。曾國藩評論道：道宗請越過安市進攻平壤，這是一條充滿危險但能出奇制勝的妙計。太宗不用其計，終於無功而返。

在所有關於戰爭的古書中，曾國藩最欣賞的就是《史記》和《二十三史》，他說：「除班（固）馬（司馬遷）而外，皆文人以意爲之，不知甲帳爲何物，戰陣爲何事。浮詞僞語，隨意編造，斷不可信。然而，即使是《史記》，曾國藩也是心存疑雲的。同治十年，曾國藩在日記中就記下了他讀書《史記》的體驗：

《史記》描述韓信破魏豹，以木罌渡軍；其破龍且，以囊沙壅水，曾國藩不以爲然。他這樣分析，魏豹以大將析直抵擋韓信，以騎將馮敬抵擋灌嬰，以步將它抵擋曹參，如此看來，那雙方的兵馬不下萬人，木罌能渡多少人過河，至多不過二三百人，這怎麼能取勝呢？沙囊壅水，下可滲漏，旁可橫溢，除非動用役夫嚴塞，斷不能築成大堰。從事理上考慮，這兩件事都不可信。

記述戰爭沒有比《史記》更好的了，馬司遷叙述戰爭沒有比《淮陰侯列傳》更詳盡的了，然而它們竟是這樣不足爲憑！曾國藩評論道：孟子說「盡信書則不如無書」。君子之作事，既徵諸古籍，諏諸人言，而又必愼思而明辨之，庶不至冒昧從事耳。

哀者勝，奮者也勝

田單準備攻打狄人的城邑，魯仲連預料他攻不下，後來果然三個月也沒能攻克。於是田單向仲連詢問原因。仲連說：

「將軍您在守禦即墨時，坐下就編織草筐，站起就手持鍬鏟，成爲士卒的榜樣。將軍有死之心，士卒無生之氣，一旦聽到您的號令，莫不揮涕奮臂而躍躍欲試，這是您打敗燕國的緣故啊！現在，將軍您東有夜邑的供奉，西有淄上的怡娛，黃金橫帶，馳騁在淄澠大地上，有生之樂，而無死之心，這就是您不能戰勝狄人的原因啊！」

這個典故曾國藩不只一次地揣摩過，他曾認爲魯仲連的這番話無比正確，不可更改，稱之爲「不刊之論」，多少年來深信不疑。他說：「余治兵以來，每個疑勝疑敗之際，戰兢恐懼，上下悚懼者，其後常得大勝。當志得意滿之候，各路雲集，狃於屢勝，將卒矜慢，其後常有意外之失。」所以他說「軍事，有驕氣惰氣，皆敗氣也」，也反覆告誡曾國荃不要恃功傲物，不可鋒芒畢露，要善於藏和收。在同治三年，收復江寧城後，曾國藩看到湘軍驕矜自得，縱情娛樂，擔心他們不可再用，就全部遣散原籍務農去了。

然而同治四年五月，曾國藩又奉命前往山東、河南一帶平定捻軍，除了極少數沒有被裁撤的湘軍，絕大部分是安徽李鴻章的淮軍。當他看到淮軍將士雖然士氣高昂，但也缺少憂患意識，暗暗擔憂，恐怕他們不能平定捻軍。老子不是說過，「抗兵相若，哀者勝」嗎？魯仲連的以憂勤而勝，以娛樂而敗，這不就是孟子所說的「生於憂患，死於安樂」嗎？

後來，曾國藩果然無功而返。到這個時候，曾國藩也仍然相信魯仲連的話。就在曾國藩因病上疏請求退休之時，李鴻章接替了曾國藩位置，最終他還是用曾國藩指揮過那支隊伍平滅了捻軍。同樣一支軍隊，同樣一種戰術方法，卻產生了兩種不同的結果。曾國藩反省說：「憂危以感士卒之情，振奮以作三軍之氣，二者皆可以致勝，在主帥相對而善用之已矣。」

過去曾國藩單單主張「憂勤」之說，他說那是只知其一，不知其二。由此可見，古人的精妙格言也不能舉一概百，每一種說法都有正確的一面，也有錯誤的一面，必須視具體情況而定。

曾國藩的人生哲學—忠毅人生　　中國人生叢書 23

著　　者／彭基博
出　　版／揚智文化事業股份有限公司
發 行 人／葉忠賢
責任編輯／賴筱彌
地　　址／台北市新生南路三段 88 號 5 樓之 6
電　　話／(02)2366-0309　　2366-0313
傳　　眞／(02)2366-0310
登 記 證／局版北市業字第 1117 號
印　　刷／偉勵彩色印刷股份有限公司
法律顧問／北辰著作權事務所　蕭雄淋律師
初版三刷／2001 年 5 月
定　　價／新臺幣：250 元

本書如有缺頁、破損、裝訂錯誤，請寄回更換
ISBN⇨957-8446-32-2
E-mail⇨tn605541@ms6.tisnet.net.tw
網址⇨http：//www.ycrc.com.tw

國家圖書館出版品預行編目資料

曾國藩的人生哲學: 忠毅人生 / 彭基博著.--.
初版. --- 臺北市 : 揚智文化，1997[民 86]
面 ; 公分.---- (中國人生叢書: 23.)

ISBN 957-8446-32-2 (平裝)

1. (清)曾國藩-傳記
2. (清)曾國藩-學術思想-哲學

782.877 86008789